REFORMA DO PODER JUDICIÁRIO
(Comentários iniciais à EC 45/2004)

FRANCISCO METON MARQUES DE LIMA
FRANCISCO GÉRSON MARQUES DE LIMA

REFORMA DO PODER JUDICIÁRIO
(Comentários iniciais à EC 45/2004)

REFORMA DO PODER JUDICIÁRIO

© Francisco Meton Marques de Lima

Francisco Gérson Marques de Lima

ISBN: 85.7420.660.1

Direitos reservados desta edição por
MALHEIROS EDITORES LTDA.
Rua Paes de Araújo, 29, conjunto 171,
CEP: 04531-940 — São Paulo — SP
Tel.: (0xx11) 3078-7205 — Fax: (0xx11) 3168-5495
URL: www.malheiroseditores.com.br
e-mail: malheiroseditores@terra.com.br

Composição
Scripta

Capa
Criação: Vânia Lúcia Amato
Arte: PC Editorial

Impresso no Brasil
Printed in Brazil
04.2005

Sumário

INTRODUÇÃO 7

COMENTÁRIOS AO TEXTO DA EMENDA CONSTITUCIONAL 45, DE 8.12.2004

1. *Direitos Fundamentais* 13

2. *Da Intervenção da União nos Estados* 16

3. *Da Competência do Senado Federal* 17

4. *Do Poder Judiciário* 18

    4.1 Órgãos do Poder Judiciário 18

5. *Princípios gerais da magistratura* 19

6. *O quinto constitucional* 45

7. *Garantias e vedações da magistratura* 47

8. *Dos Tribunais* 57

9. *Autonomia administrativa e financeira do Poder Judiciário* 60

10. *Precatórios* 61

11. *Do Supremo Tribunal Federal* 62

12. *Súmula vinculante* 70

13. *Conselho Nacional de Justiça (CNJ)* 75

14. *Do Superior Tribunal de Justiça (STJ)* 88

15. *Dos Tribunais Regionais Federais e dos Juízes Federais* 93

16. *Dos Tribunais e Juízes do Trabalho* 98

17. *Competência da Justiça do Trabalho* 104

    17.1 Dissídio coletivo e poder normativo da Justiça do Trabalho 126

    17.2 Aplicação imediata da nova competência da Justiça do Trabalho 128

18. *Dos Tribunais Regionais do Trabalho e Juízes do Trabalho* 130

19. Dos Tribunais e Juízes Eleitorais 131

20. Dos Tribunais e Juízes Militares 133

21. Dos Tribunais e Juízes dos Estados 133

22. Das funções essenciais à Justiça 136

22.1 Do Ministério Público 136

22.2 Da Advocacia Pública 148

22.3 Da Advocacia e da Defensoria Pública 148

22.3.1 Dotações orçamentárias 149

23. Normas gerais veiculadas pela EC 45/2004 e que não se incorporam ao texto permanente da Constituição 150

APÊNDICE 157

INTRODUÇÃO

A Constituição de 1988 ainda se encontra em estado gasoso, pulverizada numa "hemorragia" de emendas – com mais de 50 Emendas Constitucionais concluídas, várias em fase conclusiva, e sem perspectiva de estancamento. A consolidação desse direito por intermédio das leis regulamentadoras e da jurisprudência vagueia em espaço galático e onírico da realização.

Visando a contribuir com o processo de materialização da Constituição e da Reforma, desfiamos comentários sempre no sentido da possibilitação de realização das normas constitucionais e não no sentido de tangenciá-las.

Começando pelo fim, a Emenda Constitucional 45/2004, publicada no *DJU* de 31.12.2004, alterou 27 artigos da Constituição, acrescentou três e vários parágrafos, incisos e alíneas e revogou o inciso IV do art. 36, a alínea *h*, do inciso I, do art. 102, o § 4º do art. 103, os §§ 1º a 3º do art. 111 e o art. 113. E já é objeto de várias ADIs, com decisões, regulamentação pela via de Resolução dos Tribunais etc.

Não se restringiu ao Capítulo do Poder Judiciário, mas mexeu nos direitos fundamentais, no controle de constitucionalidade, na intervenção nos Estados e Municípios, na competência do Senado Federal. As alterações vão desde as estruturas, as composições, as competências, até o varejo, como regras de concurso e promoção de juízes e de membros do Ministério Público.

Merecem destaque, por causarem maior impacto, as seguintes novidades:

a) instituição do Conselho Nacional de Justiça, que exercerá o controle externo do Poder Judiciário, composto de quinze membros, sendo nove oriundos dos órgãos judiciários, dois do Ministério Público, dois da OAB e dois cidadãos indicados pelo Congresso Nacional;

b) instituição do Conselho Nacional do Ministério Público, que exercerá o controle externo do Ministério Público, composto de quatorze membros, sendo oito oriundos do Ministério Público, dois da Magistratura, dois da OAB e dois cidadãos, indicados pelo Congresso Nacional;

c) extinção dos Tribunais de Alçada, incorporando-os aos Tribunais de Justiça;

d) instituição das Escolas Nacionais de Magistratura – uma junto ao Superior Tribunal de Justiça e outra junto ao Tribunal Superior do Trabalho;

e) ampliação da competência da Justiça do Trabalho, para julgar todas as questões decorrentes da *relação de trabalho* e não só da *relação de emprego*, além de outras questões (mas o que é "relação de trabalho"?);

f) instituição do Conselho Superior da Justiça do Trabalho, que funcionará junto ao Tribunal Superior do Trabalho, com a missão de efetuar o controle orçamentário e financeiro sobre os Tribunais Regionais do Trabalho;

g) criação da súmula vinculante do Supremo Tribunal Federal, nos casos relevantes (mas o que são "casos relevantes"?);

h) exigência de três anos de *prática jurídica* para concorrer aos cargos de juiz e de membro do Ministério Público (mas o que é "prática jurídica"?).

i) instituição da quarentena para magistrados e membros do Ministério Público – que, ao se afastarem por aposentadoria ou exoneração, não poderão, no período de três anos, advogar no juízo ou tribunal onde serviram (mas resta delimitar o que é "juízo");

j) autorização para os tribunais funcionarem descentralizadamente, bem como instituírem a justiça itinerante;

k) exigência de publicidade das sessões administrativas;

l) devolução ao TST de dez cargos de Ministro que tinham sido extintos pela EC 24/1999, em face da extinção da representação classista;

m) destinação do valor arrecadado com custas processuais e emolumentos aos serviços afetos às atividades específicas da Justiça;

n) concessão de autonomia administrativa e financeira às Defensorias Públicas;

o) autorização para a criação por lei do Fundo das Execuções Trabalhistas – FUNGET.

Como se vê, a Reforma atinge todos os órgãos que compõem o aparelho judiciário, e não só o próprio Judiciário.

Por outro lado, a Reforma já se processa de longa data e continua em novas PECs, umas em fase final de tramitação, outras no início. Quase todas as Emendas Constitucionais fizeram intervenções no Capítulo do Poder Judiciário, mas as que mais mexeram foram as das Reformas Administrativa (EC 19/1998) e Previdenciárias (ECs 20/1998 e 41/2003). A EC 3/1993 instituiu a ação declaratória de constitucionalidade.

A Reforma do Poder Judiciário foi iniciada com a PEC n. 96/1992, de autoria do Deputado Hélio Bicudo, do Partido dos Trabalhadores de São Paulo. Essa PEC, originariamente retrata as posições radicais do PT da época, onde se propunham a extinção de órgãos da Justiça do Trabalho, da Justiça Federal e a criação de um órgão de controle externo do Judiciário. Mas estacou na Câmara dos Deputados, sem seguimento. Em 1995 foi retomada, tendo como relator o Deputado Jairo Carneiro, mas também não chegou a fim.

Em 1999 o Senado Federal instalou uma CPI para apurar denúncias contra o Poder Judiciário, culminando por desnudar casos de venda de sentença, de *habeas corpus*, facilitação de adoção de crianças brasileiras por estrangeiros e descaminho de verbas públicas. Foram poucos os casos, é verdade, em proporção ao tamanho da estrutura e à profundidade das investigações. Todos, porém, a merecer pronta e justa reação da sociedade e dos poderes constituídos, principalmente do próprio Judiciário.

Ainda em 1999 foi promulgada a EC 24, que extinguiu a representação classista em todos os graus de jurisdição da Justiça do Trabalho, eliminando um dos ralos da verba pública.

Com base nas conclusões da CPI do Judiciário, o Governo do Presidente Fernando Henrique Cardoso patrocinou a retomada da PEC 96, de Reforma do Judiciário, indicando como relator o Deputado Aluísio Nunes Ferreira, do PSDB de São Paulo, cujo relatório propunha, dentre muitas aleivosias, a extinção da Justiça do Trabalho, com a incorporação das Varas do Trabalho à Justiça Federal.

Como esse relatório foi muito combatido, o relator foi substituído, assumindo a Deputada Zulaiê Cobra, também do PSDB de São Paulo, que fez um trabalho bastante debatido, ouvindo todos os agentes interessados.

Resultou no texto que foi aprovado em dois turnos na Câmara dos Deputados no ano de 2000. Remetida a matéria para exame do Senado, tomou o número PEC 29/2000, e ali, após intenso trabalho do Senador Bernardo Cabral, retornou ao início da discussão. Ante a não reeleição de Cabral, assumiu a relatoria o Senador José Jorge, que fatiou a PEC 29/2000 (que na Câmara tinha o n. 96/192) em três partes:

a) uma, em que o Senado manteve, na essência, o texto aprovado pela Câmara dos Deputados – ora promulgada como a EC 45/2004;

b) outra, sob o n. 29-A, pela qual o Senado modificou o texto vindo da Câmara dos Deputados, e foi devolvida à Casa de origem para aprovação (ou arquivamento) das alterações efetuadas pelo Senado;

c) mais três Propostas de Emendas Constitucionais iniciadas no Senado, e por essa Casa já aprovadas em dois turnos, para submissão à Câmara.

A PEC devolvida ao reexame da Câmara trata de vasta matéria, alterando os arts. 21, 22, 29, 48, 93, 95, 96, 98, 102, 104, 105, 107, 114, 120, 123, 124, 125, 128, 129 e 134 da Constituição Federal, merecendo destaque a criação da súmula impeditiva de recurso do Tribunal Superior do Trabalho e do Superior Tribunal de Justiça, modificação de competências, redução do número de membros do Superior Tribunal Militar, de quinze para dez e limitação ao nepotismo.

As três PECs iniciadas no Senado são de menor abrangência: uma trata dos precatórios judiciais, outra, da autorização para a instituição dos juizados especiais de instrução criminal nas matérias que a lei definir, e a outra inclui, como motivo de interposição de recurso especial para o STJ, a ofensa à Constituição.

Tratamos, neste opúsculo, da EC 45/2004, que é a principal, representando o eixo da Reforma e foi aprovada primeiro. Contudo, traz-se como apêndice o texto das outras Propostas de Emenda Constitucional referidas.

Trata-se de uma verdadeira revolução na estrutura do Poder, no caso, sobre a função judiciária do Estado.

Com efeito, o Poder Judiciário sobressaiu-se quase intocado em todas as Constituições republicanas, refletindo o conservadorismo das instituições judiciárias, que pareciam insensíveis ao reclamo social,

INTRODUÇÃO 11

indiferentes à nova ordem de valores e impenetráveis ao progresso. A Justiça agrilhoada a dogmas injustos e injustificados, convertendo o Direito e a Justiça, como fatos sociais estáticos, em fins de si mesmos.

A ampliação dos raios da cidadania, a coletivização dos interesses, a socialização do direito, a democracia participativa estão a exigir do Poder Público, e, como tal, do Judiciário, outras formas de atuação, lépidas e pragmáticas, sem, contudo, abdicar dos valores da moral e da Justiça.

De fato, a Pós-modernidade, caracterizada pelo que é passageiro, fugaz, descartável, aparente, urgente, não se coaduna com o mastodonte judiciário atual, em cujas prateleiras as causas mofam durante decênios.

Por outro lado, já é tempo de se cobrarem responsabilidades àqueles que postularam um cargo público vitalício e a quem a sociedade confia seus direitos e suas garantias.

Certo que alguns pontos da reforma, como a criação dos Conselhos Nacional de Justiça e do Ministério Público, são de constitucionalidade questionável, tanto do ponto de vista formal, em face do art. 60, § 4º, como material, em virtude de melindrar os princípios federativo e da separação dos poderes.

Mas, por outro lado, não se inventa remédio para mal inexistente. Outros valores dão suporte aos Conselhos, eis que a finalidade da Reforma é fazer funcionar o Poder Judiciário e não inibir o seu funcionamento. Portanto, se os Conselhos entram em ação só quando houver negação ou má atuação de órgãos da Justiça ou do Ministério Público, estarão exatamente velando pela observância da Constituição, pois inconstitucional mesmo é a má, ou mesmo a ausência da prestação jurisdicional.

Serão objetos de comentários só os dispositivos novos e os modificados, que virão destacados em negrito. Por sua vez, toda a polêmica já começou a freqüentar o STF, cf. ADIs ns. 336, julgada em 18.2.2005, e 3.395, com liminar concedida em 27.1.2005; sobre o processo, o TST já baixou a IN n. 27, de 16.2.2005.

COMENTÁRIOS AO TEXTO
DA EMENDA CONSTITUCIONAL 45, DE 8.12.2004

Emenda Constitucional n. 45, de 8 de dezembro de 2004[1]

Altera dispositivos dos arts. 5ª, 36, 52, 92, 93, 95, 98, 99, 102, 103, 104, 105, 107, 109, 111, 112, 114, 115, 125, 126, 127, 128, 129, 134 e 168 da Constituição Federal, e acrescenta os arts. 103-A, 103-B, 111-A e 130-A, e dá outras providências.

Art. 1ª. *Os arts. 5ª, 36, 52, 92, 93, 95, 98, 99, 102, 103, 104, 105, 107, 109, 111, 112, 114, 115, 125, 126, 127, 128, 129, 134 e 168 da Constituição Federal passam a vigorar com a seguinte redação: (ver abaixo.)*

Art. 2ª. *A Constituição Federal passa a vigorar acrescida dos seguintes arts. 103-A, 103-B, 111-A e 130-A: (ver abaixo.)*

1. Direitos Fundamentais

O artigo 5ª ganhou mais um inciso e dois parágrafos, ampliando as garantias fundamentais e, por assim dizer, também a influência internacional dos direitos humanos no sistema nacional.

Art. 5ª. *Todos são iguais perante a lei, sem distinção de qualquer natureza, garantindo-se aos brasileiros e aos estrangeiros residentes no País a inviolabilidade do direito à vida, à liberdade, à igualdade, à segurança e à propriedade, nos termos seguintes:*

---

1. Publicada no *DJU* de 31.12.2004.

(...)

LXXVIII – a todos, no âmbito judicial e administrativo, são assegurados a razoável duração do processo e os meios que garantam a celeridade de sua tramitação. *(...)*

Comentários – A previsão do inc. LXXVIII do art. 5º (duração razoável do processo) traz um *conceito indeterminado*, ou aberto, que pode ensejar interpretações as mais díspares.[2] O princípio da razoabilidade será invocado, mas a questão não é apenas jurídica, senão política e econômica, porquanto a duração do processo depende, entre outros fatores, da vontade efetiva de acelerar o processamento das ações e de meios materiais para implementar medidas agilizadoras.

De toda forma, fica possibilitado que o cidadão e as instituições façam duas cobranças: *a)* do Poder Público, os meios materiais para que o aparelho judicial possa cumprir os prazos dispostos nas normas

---

2. Os conceitos *indeterminados* (há quem prefira chamá-los de *abertos*) constituem solo fértil para a *mutação constitucional,* em que os órgãos jurisdicionais determinam o conteúdo da Constituição. Daí a importância doutrinária de se fomentar uma análise conceitual de institutos e do que devem entender os juízes (v. José Juan Moreso, *La Indeterminación del Derecho y la Interpretación de la Constitución,* Madrid, Centro de Estudios Políticos y Constitucionales, 1997, p. 236). Ao aplicar a norma, o intérprete atualiza o seu conteúdo, delimita o seu alcance, adapta seus preceitos ao momento, ao linguajar cotidiano. Implica dizer, destarte, que, até certo ponto, o juiz participa do trabalho legislativo no campo jurídico-social, "na medida em que modifica o significado da norma" (Henri Lévy-Bruhl, *Sociologia do Direito,* 2ª ed., São Paulo, Martins Fontes, 1997, p. 74).

Karl Loewenstein afirma que as Constituições não mudam somente através de emendas (processos formais), mas, sim, em maior volume, por outros meios, sem haver mudança no texto constitucional, o qual permanece intacto em sua literalidade (processos informais – mutação constitucional) (*Teoría de la Constitución,* 2ª ed. Barcelona, Ariel, 1976, p. 165). V. tb: Georg Jellinek, *Reforma y Mutación de la Constitución,* Madrid, Centro de Estudios Constitucionales, 1991, *passim.*

Paulo José Farias, partindo de Loewenstein e Jellinek, esclarece a diferença entre *mutação (Verfassunguswandlungen)* e *reforma* constitucional (*Verfassungsänderung).* A *reforma* da Constituição consiste na modificação dos textos constitucionais mediante *ações voluntárias,* pelos processos e forma estabelecidos na Constituição. Diferentemente, a *mutação* constitucional é modificação do sentido e do teor das disposições constitucionais, sem mudança do dispositivo, por *fatos não acompanhados de consciência de tais modificações,* através ora da interpretação, ora dos costumes, ora da legislação infraconstitucional ("Mutação Constitucional Judicial como Mecanismo de Adequação da Constituição Econômica à Realidade Econômica", *Revista de Informação Legislativa,* Brasília, Senado Federal, 34(133):213-231, janeiro-março, 1997).

COMENTÁRIOS AO TEXTO DA EC 45, DE 8.12.2004   15

processuais; *b)* dos órgãos da Justiça, o esforço para cumprir os prazos legais, envidando esforço para abreviar a prestação jurisdicional, bem como prestar um serviço de qualidade.

Trata-se de um postulado da mais alta significação, que exercerá intensa força atrativa no sentido de tornar efetiva a prestação jurisdicional.

> *Art. 5º. (...)*
>
> *§ 3º. Os tratados e convenções internacionais sobre direitos humanos que forem aprovados, em cada Casa do Congresso Nacional, em dois turnos, por três quintos dos votos dos respectivos membros, serão equivalentes às emendas constitucionais.*
>
> *§ 4º. O Brasil se submete à jurisdição de Tribunal Penal Internacional a cuja criação tenha manifestado adesão.*

Comentários – O § 3º foi acrescentado para equiparar à Emenda Constitucional o tratado sobre direitos humanos aprovado em dois turnos, por três quintos dos votos, da Câmara dos Deputados e do Senado. Isto modifica o modelo anterior, em que o STF interpretava que o tratado ratificado pelo Brasil equivalia a norma da lei ordinária. Agora, desde que aprovado pelo *quorum* qualificado, o tratado terá igual hierarquia a de norma constitucional.

Conseqüentemente, as normas dos tratados internacionais incorporadas ao ordenamento brasileiro, nestes moldes, receberão o *status* e as técnicas de interpretação típicas dos direitos e garantias fundamentais, dentre elas se destacando princípios interpretativos como o da proporcionalidade, da razoabilidade, da progressividade etc.

Incumbe observar, porém, que não são todas as normas derivadas de tratados internacionais, mas, somente, as que digam respeito a direitos humanos.

O § 4º vem preencher a lacuna que não permitia ao Brasil submeter-se a Tribunal Internacional, para cuja criação havia manifestado adesão. Agora, o Brasil pode ser submetido ao Tribunal Penal Internacional, por exemplo, sediado na Itália, com competência para julgar os crimes contra a humanidade.

2. Da Intervenção da União nos Estados

Art. 36. *A decretação da intervenção dependerá:*

I – no caso do art. 34, IV, de solicitação do Poder Legislativo ou do Poder Executivo coacto ou impedido, ou de requisição do Supremo Tribunal Federal, se a coação for exercida contra o Poder Judiciário;

II – no caso de desobediência a ordem ou decisão judiciária, de requisição do Supremo Tribunal Federal, do Superior Tribunal de Justiça ou do Tribunal Superior Eleitoral;

III – de provimento, pelo Supremo Tribunal Federal, de representação do Procurador-Geral da República, na hipótese do art. 34, VII, e no caso de recusa à execução de lei federal.

IV – (Revogado.)

Comentários – Houve a fusão do inciso IV com o III, suprimindo a competência do STJ para a hipótese e convertendo-a, por conseqüência, em mais um caso de ADI interventiva.

O art. 34, referido na alínea alterada, estabelece os casos em que a União, em caráter excepcional e temporariamente, intervirá nos Estados. Os incisos deste artigo foram objeto de várias Emendas Constitucionais. Vejamos como está a redação atual:

Art. 34. *A União não intervirá nos Estados nem no Distrito Federal, exceto para:*

I – manter a integridade nacional;

II – repelir invasão estrangeira ou de uma unidade da Federação em outra;

III – pôr termo a grave comprometimento da ordem pública;

IV – garantir o livre exercício de qualquer dos Poderes nas unidades da Federação;

V – reorganizar as finanças da unidade da Federação que:

COMENTÁRIOS AO TEXTO DA EC 45, DE 8.12.2004   17

a) suspender o pagamento da dívida fundada por mais de dois anos consecutivos, salvo motivo de força maior;

b) deixar de entregar aos Municípios receitas tributárias fixadas nesta Constituição, dentro dos prazos estabelecidos em lei;

VI – prover a execução de lei federal, ordem ou decisão judicial;

VII – assegurar a observância dos seguintes princípios constitucionais:

a) forma republicana, sistema representativo e regime democrático;

b) direitos da pessoa humana;

c) autonomia municipal;

d) prestação de contas da administração pública, direta e indireta;

e) aplicação do mínimo exigido da receita resultante de impostos estaduais, compreendida a proveniente de transferências, na manutenção e desenvolvimento do ensino e nas ações e serviços públicos de saúde. (Alínea incluída pela EC 14/1996 e acréscimo em negrito incluído pela EC 29/2000.)

O art. 35 trata da intervenção dos Estados nos Municípios, adotando a simetria constitucional.

3. Da Competência do Senado Federal

Art. 52. *Compete privativamente ao Senado Federal:*

I – processar e julgar o Presidente e o Vice-Presidente da República nos crimes de responsabilidade, bem como os Ministros de Estado e os Comandantes da Marinha, do Exército e da Aeronáutica nos crimes da mesma natureza conexos com aqueles. (Redação dada pela EC 23/1999.)

Comentários – A alteração da redação deste inciso decorreu da criação do Ministério da Defesa, com a perda do *status* de Ministro para os chefes da Marinha, do Exército e da Aeronáutica, mantendo, contudo, para esse fim, o *status* de Comandantes das três Forças.

REFORMA DO PODER JUDICIÁRIO

II – processar e julgar os Ministros do Supremo Tribunal Federal, **os membros do Conselho Nacional de Justiça e do Conselho Nacional do Ministério Público,** *o Procurador-Geral da República e o Advogado-Geral da União nos crimes de responsabilidade;*

Comentários – A inclusão do texto destacado (pela EC 45/2004) decorre da criação dos Conselhos referidos, como órgãos de controle da Magistratura e do Ministério Público, integrantes dos arts. 103-B e 130-A, da CF, adiante comentados. Os membros desses Conselhos, a exemplo dos membros do Supremo Tribunal Federal, estão hierarquicamente acima das instâncias judiciárias, razão por que compete ao Senado Federal julgá-los nos crimes de responsabilidade. Nos crimes comuns, o julgamento compete ao STF, cf. o art. 102. O *status* dos ocupantes de tais cargos equivale ao de Ministro do STF.

4. Do Poder Judiciário

O Poder Judiciário compreende só os órgãos judicantes e suas estruturas administrativas e de apoio. O Ministério Público e a Advocacia compõem funções essenciais à Justiça, mas não integram o Poder Judiciário.

4.1 Órgãos do Poder Judiciário

Art. 92. *São órgãos do Poder Judiciário:*

I – o Supremo Tribunal Federal;

I-A – o Conselho Nacional de Justiça;

II – o Superior Tribunal de Justiça;

III – os Tribunais Regionais Federais e Juízes Federais;

IV – os Tribunais e Juízes do Trabalho;

V – os Tribunais e Juízes Eleitorais;

VI – os Tribunais e Juízes Militares;

VII – os Tribunais e Juízes dos Estados.

§ 1º. **O Supremo Tribunal Federal, o Conselho Nacional de Justiça e os Tribunais Superiores têm sede na Capital Federal.**

§ 2º. O Supremo Tribunal Federal e os Tribunais Superiores têm jurisdição em todo o território nacional.

Comentários – Ao art. 92 foi acrescido o inciso I-A, para abrigar o *Conselho Nacional de Justiça*, como órgão integrante do Poder Judiciário, com a função de fiscalizar e correicionar os juízes, tribunais e cartórios. Não terá, porém, função judicante. Portanto, é um controle interno, e não externo, do Judiciário. Assim foi concebido para superar a eventual inconstitucionalidade de um controle externo da magistratura.

Os §§ 1º e 2º decorreram do desdobramento do antigo parágrafo único, assim redigido: "O Supremo Tribunal Federal e os Tribunais Superiores têm sede na Capital Federal e jurisdição em todo o território nacional".

No primeiro parágrafo inclui-se o Conselho Nacional de Justiça (CNJ) com sede na Capital Federal – Brasília. Esse desdobramento decorreu do fato de o CNJ não possuir jurisdição, dado que sua competência é de natureza administrativo-correicional.

5. Princípios gerais da magistratura

> **Art. 93.** *Lei complementar, de iniciativa do Supremo Tribunal Federal, disporá sobre o Estatuto da Magistratura, observados os seguintes princípios: (...)*

Comentários – Passados mais de quinze anos da CF/1988, o referido Estatuto ainda não foi elaborado. Por certo, o Estatuto teria suprido muitos pontos da Reforma do Poder Judiciário, enfrentando com muito mais propriedade a matéria – até mesmo por ser o local idôneo para disciplinar a Magistratura Nacional. Porém, o velho hábito de se alterar a Constituição falou mais alto.

Nossos Congressistas não compreenderam ainda a relevância do Texto Constitucional e da importância de sua higidez.

Em sistemas como o brasileiro, a tradição é das Constituições inflexíveis, escritas, em que as alterações textuais não podem se banalizar, sob pena de pôr em risco a estabilidade do País e comprometer o Estado de Direito.

Saliente-se que o STF encaminhou o Projeto de Estatuto à Câmara dos Deputados em 1992, porém nunca foi votado. A Magistratura ainda se rege pela Lei Complementar 35/1979, no que não conflita com a Constituição.

O *caput* do artigo comentado vincula o legislador complementar aos princípios que declina, significando que ele não pode, na edição do Estatuto da Magistratura, fugir do figurino já traçado. Por outro lado, enquanto não regulamentada a matéria, muita coisa não será auto-aplicável. Por enquanto, continua regendo-a a citada Lei Complementar 35/1979, até onde não for incompatível com os preceptivos da Constituição de 1988 e Emendas que a alteraram.

Art. 93. (...)

*I – ingresso na carreira, cujo cargo inicial será o de juiz substituto, **mediante** concurso público de provas e títulos, com a participação da Ordem dos Advogados do Brasil em todas as fases, **exigindo-se do bacharel em direito, no mínimo, três anos de atividade jurídica** e obedecendo-se, nas nomeações, à ordem de classificação; (...)*

Comentários – A alteração neste inciso se deu para incluir a exigência de, no mínimo, três anos de atividade jurídica do bacharel em Direito que pretenda concorrer ao cargo de juiz, ou seja, passa-se a exigir três anos de atividade jurídica para a posse ou como condição de inscrição no concurso de juiz, conforme prescreva o edital do certame. Uma vez que o Texto Constitucional foi silente a respeito, os editais dos concursos poderão explicitar a matéria, dentro da autonomia administrativa dos tribunais.

Mais concisa era a redação anterior: "I – ingresso na carreira, cujo cargo inicial será o de juiz substituto, através de concurso público de provas e títulos, com a participação da Ordem dos Advogados do Brasil em todas as suas fases, obedecendo-se, nas nomeações, à ordem de classificação".

A jurisprudência vacilava sobre a legalidade da exigência, em Editais, de dois anos como condição para inscrição em concurso público para o cargo de juiz, pois tal condição não constava de lei, não podendo estabelecer nenhum critério discriminatório entre os candidatos nem, tampouco, exigir tempo de experiência ou de inscrição na OAB.

No caso do Ministério Público da União, por qualquer de seus ramos, o art. 187 da Lei Complementar 75/1993 exigia o bacharelado em Direito há pelo menos dois anos como condição de inscrição no certame. Mesmo assim, parte considerável da doutrina entendia que a exigência ofendia primados constitucionais (razoabilidade, proporcionalidade, acesso a cargo público...), até mesmo porque a simples conclusão do curso de Direito há anos não significa que o bacharel tenha real prática forense. Recentemente, o STF rejeitou a alegação de inconstitucionalidade do citado preceito.

A Constituição encerrou essas questões: o candidato deve ser bacharel em Direito, com pelo menos três anos de *atividade jurídica*. Esta regra vale para a Magistratura (art. 93, I) e para o Ministério Público (art. 129, § 3º), em qualquer de suas órbitas.

Algumas dúvidas baterão às portas do Judiciário pelos próximos anos: *a)* primeira: se essa atividade jurídica tem que ser provada como praticada a partir do bacharelamento, da inscrição na OAB, ou mesmo do período de estágio curricular; *b)* segunda: o que se entenderá por *atividade jurídica*; *c)* terceira: se essa atividade jurídica tem que ser privativa de bacharel em Direito.

O texto não exige que a experiência seja posterior à graduação em direito. A experiência anterior pode ser obtida no exercício de mandato parlamentar, de atividade de polícia judiciária, de assessoria e de outras atividades públicas que pressupõem conhecimento jurídico.

Pode muito bem a pessoa não ser formada em direito, mas ser graduada em outra carreira e adquirir experiência jurídica em face dos cargos que ocupar. Contudo, não conta o tempo de estágio curricular, porque este integra a formação acadêmica, nem o trabalho em escritórios e cartórios particulares que não exijam bacharelamento em direito. Porém a atuação comprovada do Advogado Estagiário, inscrito na OAB ou em entidade conveniada, deve ser entendida como *atividade jurídica*.

Decerto, a finalidade da norma foi evitar o ingresso de pessoas inteligentes, estudiosas, porém ainda não amadurecidas nos dramas humanos de convivência a que o Direito tem que dar solução. E quem já amealhou mais de três anos de prática jurídica presume-se que já estará amadurecido para o início do exercício dos cargos de juiz e de membro do Ministério Público. A presunção, aí, é jurídica, *juris et de jure*.

Cabe aos Editais dos concursos fazerem esse detalhamento; entretanto, qualquer exigência superior à ora comentada revelar-se-á inconstitucional, pois as regras de restrição de direito não comportam ampliação.

A inscrição na OAB não constitui condição da prática jurídica, até porque, se assim fosse, não poderiam inscrever-se servidor público do Poder Judiciário, das polícias, militares, das funções fazendárias de fiscalização e lançamento de tributos, dirigentes de órgão público ou de empresa concessionária de serviço público e outros relacionados nos arts. 28 e 29 da Lei 8.906 (Estatuto da OAB), que são proibidos de exercer a advocacia.

Atividade jurídica – exige-se *atividade jurídica* e não *prática jurídica*. Cumpre definir o que se entende por *atividade jurídica*.

A generalidade da expressão *(três anos de atividade jurídica)*, no entanto, leva à interpretação de que servirá o exercício da advocacia, de cargos ou funções públicas cujo requisito seja o bacharelado em Direito (mandatos parlamentares, Delegados de Polícia não graduados, assessorias e consultorias jurídicas, cargos técnicos jurídicos como os de Oficial de Justiça, de Analista Judiciário ligado à atividade fim, o servidor que, embora admitido para cargo não privativo de bacharel em Direito, veio a bacharelar-se e, por necessidade do serviço, foi designado para o exercício de atividade pública que exija, segundo a lei ou regulamento interno, o conhecimento específico do Direito, por exemplo).

Por certo, gerará alguma dúvida o simples exercício de magistério em Faculdade ou Curso de Direito, público ou particular. Todavia, desde que se trate de magistério de disciplina jurídica e em caráter não-eventual ou de mera substituição, pendemos para a computação desta função – que, aliás, exige muito mais conhecimento do profissional do que de outras atividades tidas como jurídicas.

O magistério requer preparação do professor e domínio da matéria, especialmente sob o plano teórico-científico, impondo tirocínio científico ínsito ao Direito, que é vivido, pesquisado e fomentado nos ambientes universitários. Afinal, é nas academias que surgem as teses jurídicas, as doutrinas, os fundamentos e as bases do Direito. Nas mesmas condições, equiparam-se os professores das Escolas de Magistratura e do Ministério Público.

Não obstante, também é com base neste mesmo raciocínio que não integram o conceito de professor, para efeitos da *atividade jurídica* exigida, as aulas ministradas em cursos particulares preparatórios para

COMENTÁRIOS AO TEXTO DA EC 45, DE 8.12.2004   23

concursos, sem vinculação com órgão oficial nem reconhecido pelo MEC, quando não acompanhadas de outras atividades que demonstrem a relevância do professor encarregado.

Isto porque esses cursos estão fora do sistema da educação preconizado nos arts. 205 a 214 da CF, particularmente o art. 209, não sujeitos à fiscalização do MEC ou de outro órgão oficial, ensejando inclusive a "facilitação" na emissão de documento "probante" de tal mister. E, por fim, a natureza desses cursinhos (aliás, muitos deles da mais alta reputação) não é científica, senão de fornecimento de "dicas" de resolução de provas de concursos e revisão, ou mera atualização de temas jurídicos.

De seu turno, também não podem ser computadas as atividades desempenhadas por profissionais que militem indiretamente com o Direito ou, mesmo diretamente, que não tenham como requisito o bacharelado em Direito. Incluem-se nesta categoria, portanto, os policiais, os exercentes de atividades parlamentares que não mandato, do Executivo, contadores, e outros profissionais liberais sem bacharelado em Direito (mesmo quando lecionem matéria jurídica em Cursos de qualquer natureza, como os contadores, economistas, administradores etc., que lecionem, em Universidades, noções de Direito).

A prova consiste na exibição de documento que ateste haver exercido atividade típica ou privativa de bacharel em Direito durante três anos no mínimo.

Por fim, enquanto não editado o Estatuto da Magistratura, é lícita a regulamentação por meio dos Editais de concursos e pelos Regimentos Internos dos Tribunais, visto que terá respaldo na Constituição.

Art. 93. (...)

II – promoção de entrância para entrância, alternadamente, por antigüidade e merecimento, atendidas as seguintes normas:

a) é obrigatória a promoção do juiz que figure por três vezes consecutivas ou cinco alternadas em lista de merecimento;

b) a promoção por merecimento pressupõe dois anos de exercício na respectiva entrância e integrar o juiz a primeira quinta parte da lista de antigüidade desta, salvo se não houver com tais requisitos quem aceite o lugar vago;

*c) aferição do merecimento conforme o desempenho e
pelos critérios objetivos de produtividade e presteza no exercício da jurisdição e pela freqüência e aproveitamento em
cursos oficiais ou reconhecidos de aperfeiçoamento; (...)*

Comentários – A redação anterior era a seguinte: "*c)* aferição do merecimento pelos critérios da presteza e segurança no exercício da jurisdição e pela freqüência e aproveitamento em cursos reconhecidos de aperfeiçoamento".

A expressão *segurança no exercício da jurisdição,* da redação anterior foi substituída por *desempenho* na redação atual (EC 45/2004), como critério aferidor do merecimento.

A nova redação prima por critérios mais objetivos na aferição do merecimento, forma de promoção que, tradicionalmente, tem privilegiado o subjetivismo – não raramente sob o ânimo de apadrinhamento ou de retaliação a magistrados, ostensiva ou veladamente.

Esse preceito abriga quatro condicionantes que devem ser avaliados na apuração do merecimento do magistrado: *desempenho, produtividade, presteza e freqüência* e *aproveitamento* em cursos oficiais ou reconhecidos de aperfeiçoamento. Vejamos cada um:

Desempenho – A aferição do desempenho do juiz candidato a promoção compatibiliza-se com a regra do art. 37 da CF, com a redação que lhe deu a EC 19/1998, que acrescentou aos princípios constitucionais da Administração Pública a *eficiência*, e que, entre os servidores, é aferida mediante *avaliação de desempenho,* cujo procedimento é regulamentado por cada órgão.

Destarte, se a *eficiência* se erige como um dos postulados fundamentais da Administração Pública, no sentido mais largo da expressão, não seria o Magistrado que ficaria imune à sua incidência.

O termo *desempenho* é relacionado a eficiência, competência intelectual, qualidade do trabalho e boa execução das funções. Neste sentido, então, a palavra supera a expressão contida na redação anterior, significando, agora, que os Magistrados mais competentes no trabalho, e não apenas os mais *seguros,* serão os promovidos, atendidos os demais critérios.

A avaliação de desempenho consta do § 4º do art. 41 da CF. É obrigatória como condição de aquisição de estabilidade do servidor

COMENTÁRIOS AO TEXTO DA EC 45, DE 8.12.2004   25

público. A avaliação especial de desempenho será feita por comissão instituída com essa finalidade. Logo, espera-se que cada Tribunal proceda à regulamentação dessa matéria e constitua comissão de avaliação de desempenho, para que se cumpra o preceptivo inovador. Caso os tribunais não regulamentem esse preceptivo, os juízes prejudicados, verificando a preterição de condições objetivas visíveis a olho-nu, terão amplo manancial para impugnar o processo promocional.

Produtividade – Significa volume de trabalho comprovado nos mapas estatísticos. O cuidado deve dar-se nos "maquiamentos" dos números estatísticos, nas preocupações centradas no "processo", em vez da "causa".

Extinguir processos sem julgamento do mérito, p. ex., em vez de esforçar-se para salvá-los, é muito fácil e projeta no mapa estatístico elevada produtividade. Da mesma forma, o juiz que indefere muito o pleito dos mais humildes terá o seu serviço em dia – porque serão interpostos poucos recursos e restarão poucas execuções. Com isso, mantém uma aparência objetiva de "casa em ordem".

Presteza – Vem de presto, lépido, rápido, ágil, ligeiro. Logo, o juiz deve ser providente e ágil, nos limites do possível, e sempre sensível à natureza dos interesses em jogo. Por outro lado, considerando o contexto em que está inserido na Constituição, o termo pode ser inferido não só na sua feição formal (de número, de quantidade), mas, também, material, isto é, de qualidade efetiva na prestação da tutela jurisdicional. A simples perspectiva do juiz lépido não se coaduna com a do magistrado insensível, indiferente, indolente e/ou apático.

Logicamente, a quantidade não pode prejudicar o mínimo de qualidade que deve revestir as decisões judiciais, e a rapidez não pode resvalar no açodamento, pois a prudência é a maior virtude de quem julga, já dizia Aristóteles.

A produtividade e a presteza do magistrado são facilmente aferíveis pelas Corregedorias dos Tribunais, conforme o mapa estatístico dos processos julgados, despachos, finalizados ou não pelo juiz. Porém a qualidade dos julgados, bem como o cumprimento da finalidade do órgão judicial na comunidade em que jurisdiciona, são de mais difícil avaliação.

Com isto, abre-se oportunidade para que, também, o jurisdicionado em geral e o Ministério Público fiscalizem a operosidade e a qualidade do trabalho do juiz, encaminhando representações fundamentadas à Corregedoria, assegurada ampla defesa ao magistrado.

Com efeito, compete ao Ministério Público, na defesa da sociedade, acompanhar a *presteza* e a *produtividade* dos magistrados, para combater os excessos e as demoras injustificadas dos processos. Em seguida, constatados tais fatos, incumbe-lhe representar o juiz moroso à Corregedoria de Justiça ou ao Conselho Nacional de Justiça, sem prejuízo de outras medidas que o caso porventura requeira.

A leniência histórica do Ministério Público neste campo constitui um dos grandes responsáveis pela impunidade e até pela progressão dos maus juízes, que acabam expondo injustamente a Instituição. Daí decorreu a idéia vitoriosa de um controle externo do Judiciário e do Ministério Público. Por sua vez, os magistrados também têm o dever de acompanhar o desempenho e a presteza dos membros do Ministério Público nos processos sob sua jurisdição e adotar contra eles idênticas providências, quando for o caso (ver comentários ao inciso IV).

Por outro lado, o Ministério Público tem se deposto da função de fiscalizar as promoções dos juízes, em detrimento dos princípios da Administração Pública, do Estado Democrático de Direito e, notadamente, da Constituição. Sendo público o interesse, é despicienda a não-insurgência de magistrado preterido contra o ato promocional do Tribunal.

Na realidade, numa estrutura militarizada do Judiciário, especialmente no âmbito dos Estados, dificilmente o juiz enfrentará o Tribunal ao qual ele se vincula. Há os receios de retaliações futuras, de perseguições, de ficar "mal visto" perante os desembargadores. Neste campo, as Associações de Magistrados também possuem ímpar relevância na defesa da categoria, combatendo a pessoalidade dos atos dos Tribunais, as discriminações, as ilegalidades, as ilegitimidades e os abusos.

Freqüência a cursos de formação, aperfeiçoamento e promoção – Constitui mais um fator da promoção por merecimento. A palavra "aperfeiçoamento", aí, tem relação com a formação profissional e intelectual do juiz, máxime os cursos concluídos nas escolas oficiais de formação de Magistrados. Destarte, não se liga propriamente a curso de aperfeiçoamento disciplinado pelo MEC, cuja carga horária é inferior a 360 horas/aulas.

Com o que foi disposto pela EC 45, nos arts. 105, § 1º, e 111-A, § 2º, I, funcionarão junto ao STJ e ao TST a Escola Nacional de Forma-

COMENTÁRIOS AO TEXTO DA EC 45, DE 8.12.2004

ção e Aperfeiçoamento de Magistrados e a Escola Nacional de Formação e Aperfeiçoamento de Magistrados do Trabalho, respectivamente, cabendo-lhes, dentre outras funções, regulamentar os cursos oficiais para o ingresso e promoção na carreira.

Com isso, as Escolas de Magistratura terão seu regulamento próprio e sua fonte legal de legitimidade desvinculada do MEC, bastando o enquadramento na regulamentação das Escolas Nacionais e a autorização ou reconhecimento por estas.

Contudo, os cursos ministrados em instituições privadas conveniadas, desde que *reconhecidos* pelo MEC, terão validade. Este fator – conclusão de cursos de aperfeiçoamento – ganhará maior dimensão nos próximos anos, em face da evolução cultural da sociedade, a exigir cada vez mais preparo do juiz, capacidade para compreender a complexidade das relações intersubjetivas.

Onde não houver Escolas de Magistratura devidamente formalizadas, são legítimos os convênios com as instituições de ensino superior, públicas ou privadas.

Apesar de o dispositivo constitucional referir-se mais precisamente a escolas oficiais de formação e aperfeiçoamento profissional, entendemos que a qualificação intelectual do magistrado sempre haverá de ser valorizada. Deste modo, a conclusão de cursos de Mestrado e Doutorado haverá de influir fortemente na avaliação do magistrado, considerando a profundidade jurídica desses estudos.

Por fim, enquanto não regulamentada por lei, esta matéria poderá ser regulamentada pelos Regimentos Internos dos Tribunais, porque terá amparo constitucional. Contudo, sem a regulamentação respectiva o preceito não será auto-aplicável.

Art. 93. *(...)*

d) na apuração de antigüidade, o tribunal somente poderá recusar o juiz mais antigo pelo voto fundamentado de dois terços de seus membros, conforme procedimento próprio, **e assegurada ampla defesa,** *repetindo-se a votação até fixar-se a indicação; (...)*

Comentários – Este preceptivo já é auto-aplicável, porque regulamentado pela Lei Complementar 35/1979, e o acréscimo marcado apenas amplia a garantia do juiz recusado, adaptando-se ao princípio geral da ampla defesa.

A recusa de magistrado mais antigo à promoção por antiguidade já havia evoluído na CF/1988 para uma decisão vinculada a uma fundamentação. Agora, com a EC 45/2004, agrega-se o direito de defesa, como corolário dos princípios do devido processo legal e da ampla defesa, cravados no art. 5º, LIV e LV, respectivamente ("ninguém será privado da liberdade ou de seus bens sem o devido processo legal"; "aos litigantes, em processo judicial ou administrativo, e aos acusados em geral são assegurados o contraditório e a ampla defesa, com os meios e os recursos a ela inerentes").

Por sua vez, a Lei 9.784/1999, do Processo Administrativo, estabelece em seu art. 1º, § 1º, que a ela também estão obrigados os Poderes Legislativo e Judiciário da União, quando em função administrativa. E estabelece os princípios, as regras e os procedimentos a serem observados em todos os processos administrativos, sob pena de nulidade. Portanto, a alteração foi apenas para compatibilizar o dispositivo com o sistema jurídico vigente.

A promoção de juiz dar-se-á alternadamente, por antigüidade e por merecimento, ou seja, a primeira vaga será para o juiz mais antigo e a segunda para o escolhido em lista de merecimento. Portanto, a antigüidade é posto, aferível facilmente, segundo os critérios legais e regimentais expressos e só excepcionalmente poderá ser desbancada.

A preterição do juiz mais antigo, substituindo-lhe o segundo mais antigo (e assim sucessivamente), constitui exceção, até, de certa forma, traumática, que só poderá ocorrer em caso de pesarem contra o juiz sérias e verossímeis acusações, quer ligadas à sua conduta pessoal, quer à sua operosidade, quer à qualidade do seu serviço. Mas sempre situações objetivas, a exemplo da alínea seguinte.

Na avaliação da antigüidade, para desqualificá-la, aferem-se às qualidades da média para baixo, ou seja, as "desqualidades", a negatividade; no merecimento aferem-se as qualidades da média para cima, a positividade.

Daí a necessidade de fundamentação, pois é esta que legitima a decisão, e o voto de dois terços dos membros da corte. Quando a fração resultar em quebrados, arredondar-se-á para cima. Ex.: se o número total de membros da corte é de 18, ainda que haja cargo vago, a rejei-

COMENTÁRIOS AO TEXTO DA EC 45, DE 8.12.2004　　29

ção do mais antigo requer o voto de 12, no mínimo. Mas se a corte compõe-se de mais de 18 membros e menos de 21, a rejeição só se efetivará pelo voto de 14 membros.

Art. 93. (...)

e) não será promovido o juiz que, injustificadamente, retiver autos em seu poder além do prazo legal, não podendo devolvê-los ao cartório sem o devido despacho ou decisão; (...)

Comentários – Alínea acrescentada, como uma das medidas de agilização do processo. A maior novidade que esse dispositivo alberga é seu caráter vinculatório dos tribunais. Ou seja, verificada a referida desqualidade do juiz, o tribunal é obrigado a não promovê-lo. Vai mais além: obriga-o a rejeitar até o mais antigo e, quem sabe, se for o caso, o que figurar cinco vezes alternadas em lista de merecimento.

Essa avaliação deve ser levada em conta no curso do tempo e não só no período imediatamente anterior ao processo de promoção. De fato, alguns poucos atrasos na véspera do processo promocional não desfigurará uma vida de labor; por outro lado, uma operosidade de véspera não passa de "malandragem".

Os deveres dos magistrados encontram-se catalogados no art. 35 da LC 35/1979:

"Art. 35. São deveres do magistrado:

"I – cumprir e fazer cumprir, com independência, serenidade e exatidão, as disposições legais e os atos de ofício;

"II – não exceder injustificadamente os prazos para sentenciar ou despachar;

"III – determinar as providências necessárias para que os atos processuais se realizem nos prazos legais; (...)."

Os prazos processuais constam dos Códigos de Processo. De acordo com o Código de Processo Civil, por exemplo, o juiz proferirá os despachos em dois dias, e as decisões em dez. O serventuário remeterá os autos conclusos no prazo de 24 h e executará os atos processuais em 48 h (arts. 189 e 190 do CPC).

Este dispositivo complementa o anterior, no sentido de que se premie e ao mesmo tempo se estimule a operosidade. Contudo, cumpre ao

Tribunal, por sua comissão de avaliação de desempenho, averiguar a *verdadeira* operosidade, e não apenas as aparências reveladas nos números estatísticos, que são facilmente obteníveis e não revelam a qualidade da produção.

Com efeito, há juízes que só "jogam no regulamento", mantendo sua Vara ou Gabinete rigorosamente limpo, porém seus julgados consistem em improcedência dos pedidos, indeferimento de liminares, não atendimento ao público, portanto resolvendo os *processos* e não as *questões*, dando uma aparência de organização e eficiência.

A alínea em tela reporta-se a retenção injustificada de autos pelo juiz, o qual não poderá devolvê-los ao cartório sem o devido despacho ou decisão. Normalmente se alega o excesso de serviço, de demandas na Vara, como causa do atraso. Pela redação da alínea "e", ora comentada, a justificativa haverá de ser mais concreta, e não abstrata.

A devolução dos autos ao cartório, com atraso, constará de despacho fundamentado, mesmo que padronizado para os casos idênticos. Em certas situações, será muito mais conveniente, e não mais trabalhoso, que o juiz adote logo alguma medida apropriada, do que elaborar despacho de justificação de devolução dos autos sem decisão, que será analisado pela Corregedoria.

Com esta redação, a alínea objetivou evitar que, às vésperas da promoção, o magistrado devolva os autos ao cartório ou à secretaria, sem despacho algum, para não ficar com nenhum processo em seu poder e, assim, apresentar-se sem autos conclusos, aparentando pontualidade.

Por fim, cumpre lembrar que, pela expressão "com o devido despacho ou decisão", deve ser o entendido o ordinativo, que impulsiona o processo, e não aquele que apenas devolve os autos ao cartório ou secretaria. O juiz tem que resolver a questão e não apenas livrar-se do processo.

Os Tribunais já poderão dar efetividade a esse dispositivo, porque trata dos deveres funcionais do magistrado, previstos na legislação regulamentadora.

Art. 93. (...)

III – o acesso aos tribunais de segundo grau far-se-á por antigüidade e merecimento, alternadamente, apurados na última ou única entrância; (...)

COMENTÁRIOS AO TEXTO DA EC 45, DE 8.12.2004   31

Comentários – A EC sob comento extinguiu os Tribunais de Alçada – ou melhor, incorporou-os aos Tribunais de Justiça. Portanto, a alteração deste inciso consistiu apenas na supressão das referências aos Tribunais de Alçada, implicando que da última entrância a promoção será para os Tribunais de segundo grau, sem a instância intermediária dos Tribunais de Alçada. Assim, da última entrância a promoção dar-se-á para os Tribunais de Justiça, nos Estados, para o os Tribunais Regionais Federais, na Justiça Federal, e para os Tribunais Regionais do Trabalho, na Justiça do Trabalho.

Para a Justiça Federal e a do Trabalho, que já não tinham Tribunais de Alçada, a alteração em nada influiu. "Última entrância", aí, significa aquela que encerra as promoções no âmbito do 1º grau de jurisdição (no caso, Juiz Titular de Vara Federal ou do Trabalho), situando-se no derradeiro degrau anterior ao Tribunal.

A antigüidade é apurada na última ou única entrância. No caso da Justiça Federal e na do Trabalho, será apurada dentre os titulares de Vara da Região.

Dispositivo auto-aplicável, em face do disposto no art. 4º e parágrafo único da EC 45, que estabelece o prazo de 180 dias para os Tribunais de Justiça procederem ao processo de incorporação dos Tribunais de Alçada.

Art. 93. (...)

*IV – previsão de cursos oficiais de preparação, aperfeiçoamento e **promoção** de magistrados, **constituindo etapa obrigatória do processo de vitaliciamento a participação em curso oficial ou reconhecido por escola nacional de formação e aperfeiçoamento de magistrados;** (...)*

Comentários – A redação deste inciso imbrica-se com o disposto na alínea "c" do inciso II do art. 93, já comentado, a qual estabelece que a "aferição do merecimento conforme o desempenho e pelos critérios objetivos de produtividade e presteza no exercício da jurisdição e pela freqüência e aproveitamento em cursos oficiais ou reconhecidos de aperfeiçoamento" (EC 45/2004).

A alteração em negrito se harmoniza com a previsão de criação pelos tribunais superiores das *Escolas Nacionais de Formação e Aper-*

feiçoamento de Magistrados. Quanto à freqüência de cursos oficiais de preparação e aperfeiçoamento para fins de promoção de magistrados, foi mantida a redação anterior, ou seja, não vincula o tribunal, não é condição de promoção (o que é lamentável), figurando apenas como mais um fator positivo.

Para o vitaliciamento, porém – que se dará com dois anos de exercício do cargo –, torna-se obrigatória a participação em curso oficial ou reconhecido por escola nacional de formação e aperfeiçoamento de magistrados. Embora a CF não se refira expressamente à avaliação satisfatória no curso, é natural que a participação só será efetiva mediante a aferição do rendimento.

Por outro lado, ao empregar os termos *formação, aperfeiçoamento* e *promoção*, a CF deixa transparecer três momentos: *a) formação* – pode ser entendida em dois sentidos: condição para o ingresso na magistratura; etapa preliminar de preparação dos candidatos aprovados no concurso público, para investidura no cargo; *b) aperfeiçoamento* – obrigatório aos juízes, particularmente os recém-ingressos; *c) promoção* – condição ou adjutório para promoção. Conseqüentemente, a Lei Orgânica da Magistratura poderá: *a)* exigir dos candidatos a juiz a conclusão de curso oficial ou reconhecido de formação de magistrados; *b)* obrigar que o magistrado se recicle nos referidos cursos; *c)* exigir como condição de promoção a freqüência a esses cursos.

Ditos cursos oficiais de aperfeiçoamento são os promovidos por escolas de formação de magistrados, conforme já comentamos anteriormente, no inciso II do art. 93. Em face do crônico aperto financeiro dos tribunais, a solução desaguará nos convênios com instituições públicas ou privadas de ensino.

No âmbito da Justiça do Trabalho, ditas escolas têm sido implantadas e mantidas pelas Associações de Magistrados do Trabalho (as AMATRAs), quando deveriam ser bandeira dos próprios Tribunais. Tão importantes elas são para a formação da magistratura que os tribunais não podem ficar alheios.

Cumpre lembrar que o sistema das escolas judiciais goza de autonomia em relação ao sistema do Ministério da Educação, possuindo regulamentação própria, emitida pelas Escolas Nacionais.

Com a EC 45/2004, este quadro deve mudar, por ser função dos tribunais oferecerem os cursos de aperfeiçoamento e formação de magistrados, uma vez que constituem requisito para o vitaliciamento. Esta

COMENTÁRIOS AO TEXTO DA EC 45, DE 8.12.2004   33

função não pode ser delegada inteiramente às Associações de Magistrados, uma vez que não é destas a obrigação pública de criar e manter essas Escolas. De todo modo, não ficam vedados os convênios, envolvendo Judiciário, Associação e Instituições de Ensino Superior.

Os diplomas emitidos pelas escolas judiciais possuem validade em todo o território federal perante todos os tribunais. Assim como se admite a validade dos cursos do Sistema Nacional de Educação, reconhecidos e fiscalizados pelo MEC, perante as Instituições judiciárias, também é de se reconhecerem válidos os cursos ministrados no sistema das Escolas Judiciais, em atenção ao princípio da reciprocidade. Contudo, não é demais que as Escolas Nacionais que funcionem junto ao STJ e ao TST firmem convênios com o MEC, o que acarretará automática validação dos diplomas emitidos por essas Escolas.

Destarte, as Escolas Judiciais devem observar os princípios gerais do ensino, cristalizados no art. 206, CF, *verbis:*

"Art. 206. O ensino será ministrado com base nos seguintes princípios:

"I – igualdade de condições para o acesso e permanência na escola;

"II – liberdade de aprender, ensinar, pesquisar e divulgar o pensamento, a arte e o saber;

"III – pluralismo de idéias e de concepções pedagógicas, e coexistência de instituições públicas e privadas de ensino;

"IV – gratuidade do ensino público em estabelecimentos oficiais;

"V – valorização dos profissionais do ensino, garantidos, na forma da lei, planos de carreira para o magistério público, com piso salarial profissional e ingresso exclusivamente por concurso público de provas e títulos;

"VI – gestão democrática do ensino público, na forma da lei;

"VII – garantia de padrão de qualidade."

Convém, mesmo, que ditas Escolas se espelhem na Lei de Diretrizes e Bases da Educação (Lei 9.394/1996), ante a experiência do MEC e a importância de se manter uma certa uniformidade na qualificação dos profissionais em geral.

Já o art. 93, inc. IV, preceitua que o Estatuto da Magistratura preverá *os cursos oficiais de preparação, aperfeiçoamento e promoção de magistrados*. Os cursos necessários ao vitaliciamento serão os oferecidos pelas Escolas Nacionais, ou outros reconhecidos pelas mesmas

REFORMA DO PODER JUDICIÁRIO

Escolas. Por serem "nacionais", haverá uma concentração na formação dos juízes.

As Escolas Nacionais são as preconizadas nos arts. 105, § 1º, I, e 111-A, § 2º, I, acrescidos pela EC 45/2004, que funcionarão junto ao STJ e ao TST, para a formação e aperfeiçoamento de magistrados em geral e do trabalho, respectivamente. Conseqüentemente, terão sede em Brasília-DF e contarão com dotação orçamentária própria, além de dirigentes qualificados (no mínimo, com Mestrado), quadro de professores efetivos, também pós-graduados, e acervo bibliotecário.

Enfim, os cursos de formação, aperfeiçoamento, e promoção de magistrados são essenciais ao vitaliciamento e importantes para a promoção por merecimento, sem contar a sua utilidade para o conhecimento jurídico e geral do Magistrado, retornando para a sociedade sob a forma da boa qualidade do serviço e segurança.

Como se vê, o inciso sob comento não é auto-aplicável, visto que o verbo inicial do preceito se traduz no sentido de que *o Estatuto preverá cursos oficiais* (...); até porque sua exeqüibilidade demanda uma série de providências.

Contudo, após a instalação e regular funcionamento das Escolas Nacionais, o Tribunal que reunir toda a infra-estrutura de Escola Judicial (própria ou conveniada), devidamente aprovada pela Escola Nacional competente, com o funcionamento de cursos de formação, promoção e aperfeiçoamento de magistrados, poderá regulamentar essa matéria no Regimento Interno ou mediante Resolução Administrativa.

Art. 93. (...)

V – o subsídio dos Ministros dos Tribunais Superiores corresponderá a 95% (noventa e cinco por cento) do subsídio mensal fixado para os Ministros do Supremo Tribunal Federal e os subsídios dos demais magistrados serão fixados em lei e escalonados, em nível federal e estadual, conforme as respectivas categorias da estrutura judiciária nacional, não podendo a diferença entre uma e outra ser superior a 10% (dez por cento) ou inferior a 5% (cinco por cento), nem exceder a 95% (noventa e cinco por cento) do subsídio mensal dos Ministros dos Tribunais Superiores, obedecido, em qualquer caso, o disposto nos arts. 37, XI, e 39, § 4º; (...)

COMENTÁRIOS AO TEXTO DA EC 45, DE 8.12.2004

Comentários – Redação dada pela EC 19/1998, da Reforma Administrativa, instituindo o teto do subsídio dos membros do Poder Judiciário no limite do subsídio mensal dos Ministros do STJ. Por sua vez, o subsídio dos desembargadores serve de teto para os juízes, defensores públicos, membros do Ministério Público estadual e de todos os servidores do judiciário estadual.

> **Art. 93. (...)**
>
> *VI – a aposentadoria dos magistrados e a pensão de seus dependentes observarão o disposto no art. 40; (Redação dada pela EC 20/1998.) (...)*

Comentários – O art. 40 foi profundamente alterado pela EC 41/2003, que instituiu a contribuição para os aposentados, o teto dos proventos da aposentadoria e das pensões, a proporcionalidade aos valores efetivamente recolhidos e um redutor para quem pretenda utilizar-se das regras de aposentadoria por tempo de serviço com menos de 60 anos de idade. Todas as alterações são aplicáveis aos Magistrados e aos membros do Ministério Público.

> **Art. 93. (...)**
>
> *VII – o juiz titular residirá na respectiva comarca, **salvo autorização do tribunal**; (...)*

Comentários – A EC sob comento acrescentou as palavras negritadas, abrindo, com isso, a possibilidade de o magistrado residir fora da comarca, desde que mediante autorização do Tribunal. A Lei Complementar 35/1979 já trazia esse preceito no art. 35, V. Abria, porém, a possibilidade de o juiz residir fora da Comarca mediante autorização do órgão disciplinar a que estivesse subordinado.

Agora, a eventual autorização terá que partir do Tribunal e não só do Presidente do Tribunal ou do Corregedor. Logicamente, esse poder discricionário do Tribunal render-se-á ao interesse público e regular satisfação do jurisdicionado, não podendo resvalar no protecionismo de juízes sem atenção à finalidade da atividade judicial.

O dispositivo obriga o juiz a *residir* e não a *ter domicílio* – que é o lugar onde a pessoa se estabelece com ânimo definitivo, cf. art. 70 do

Código Civil. Se bem que o art. 76, parágrafo único, do mesmo Código Civil, considera domicílio necessário do servidor público o lugar onde ele exerce permanentemente suas funções.

Por outro lado, há situações em que a comarca não oferece as condições mínimas de segurança e que residir na cidade contígua, próxima em distância, não acarreta prejuízo ao serviço público. Em outras ocasiões, em face do movimento que já se prenuncia, de concurso de remoção e de promoção, não justifica onerar o erário com despesas de mudança e ajuda de custo.

Com efeito, é sabido que a sociedade só procura o juiz quando ele reside na Comarca. Fora disso, só os mais renitentes o fazem. O juiz, à semelhança do padre, tem que residir na Comarca para integrar-se à comunidade, participando dos problemas desta e resolvendo-os, muitas vezes, até pelo aconselhamento. Pesquisas demonstram que, conquanto a Justiça esteja em queda popular, o juiz goza de elevado grau de confiança pública. Sua presença inspira sensação de segurança e inibe o abuso de poder das autoridades.

Por fim, só o juiz titular está vinculado ao preceito constitucional. Até porque a condição de juiz substituto ou auxiliar é incompatível com o sedentarismo. Entretanto, nos casos em que há vinculação de juiz substituto a uma Vara específica *sine die*, por lei ou ato do tribunal, a regra deve ser observada.

> *Art. 93. (...)*
>
> *VIII – o ato de remoção, disponibilidade e aposentadoria do magistrado, por interesse público, fundar-se-á em decisão por voto da **maioria absoluta** do respectivo tribunal ou do **Conselho Nacional de Justiça**, assegurada ampla defesa; (...)*

Comentários – A alteração assinalada torna o magistrado mais vulnerável, por dois motivos: *a)* primeiro porque sua conduta estará sujeito a avaliação por dois órgãos distintos e independentes (o Tribunal e o CNJ), escapando de um poderá ser colhido pelo outro; *b)* segundo porque diminuiu o *quorum* condenatório, que antes era de dois terços dos votos da Corte, ou de seu Órgão Especial: agora basta a maioria absoluta de votos do tribunal (metade do número da composição

COMENTÁRIOS AO TEXTO DA EC 45, DE 8.12.2004   37

legal do tribunal mais um) ou do CNJ (como este é composto de quinze membros, a decisão será pelo voto de nove).

A redação de outrora criava uma incoerência em face do inciso X, o qual dizia ser de maioria absoluta o *quorum* para as decisões administrativas dos tribunais. Vale dizer, para a punição disciplinar, em que se apurasse infração do juiz, exigia-se a maioria absoluta, enquanto a aposentadoria e a indisponibilidade, p. ex., quando feitas por mero interesse público, haveria de ser mediante dois terços do tribunal. E isto sem contar que, normalmente, a aposentadoria e a disponibilidade determinadas pelo tribunal decorrem, em regra, de aplicação de punição pela Corte, empós processo administrativo disciplinar contra o magistrado. Esta discrepância de *quorum* vinha acarretando algumas dissonâncias interpretativas. Logo, muito bem andou o constituinte derivado em unificar tudo num mesmo *quorum*, o da maioria absoluta.

Fica assegurada a ampla defesa pelo magistrado, o que pode sugerir aos desavisados que a remoção, a disponibilidade e a aposentadoria do magistrado decorra, aí, de punição disciplinar. Não o é, propriamente. Imaginemos que o juiz de determinada Comarca se encontre ameaçado, com risco de vida. Então, o Tribunal poderá, mesmo contra a vontade do magistrado, removê-lo para outra Comarca. E, obviamente, esta remoção exigirá uma outra, de outro juiz para suprir a vaga então deixada pelo anterior. Também poderá o Tribunal fazê-lo, por autorização da maioria absoluta de seus membros.

É claro, outrossim, que o Tribunal não poderá utilizar-se deste expediente para perseguir ou beneficiar magistrados, realizar promoções disfarçadas ou atender a interesses escusos, que ferem princípios basilares da Administração, a exemplo dos primados da finalidade pública, da impessoalidade, da moralidade. É exatamente por isto que a Constituição Federal assegura ao juiz o direito de defesa: para que ele aquilate a real intenção do Tribunal e sustente seu ponto de vista, o que muito será útil para a adoção de outras medidas, sobretudo judiciais, contra a Corte, como o mandado de segurança ou a ação ordinária, a representação a Tribunal Superior, etc. para assegurar as prerrogativas inerentes à magistratura.

Dependendo da dimensão da decisão adotada pelo Tribunal e das razões nela apontadas, em especial se destoante do verdadeiro motivo, desde que provado, o magistrado atingido poderá levar a questão ao Ministério Público ou ao Conselho Nacional de Justiça. É exatamente por isto que o ato do Tribunal que remove, põe em disponibilidade ou aposenta o magistrado tem de ser motivado, fundamentado, sob pena de nulidade. Embora o inc. VIII do art. 93 da CF, sob comento, não seja expresso, a exigência de motivação se encontra estabelecida no inc. X do mesmo artigo.

De todo modo, qualquer ato de qualquer Tribunal ou órgão, que tenda a ferir, suprimir ou reduzir as prerrogativas da Magistratura deve ser motivado, muito bem fundamentado e bastante provado. É que a Magistratura é instituição imprescindível ao Estado Democrático de Direito, de tal forma que maculá-la em suas prerrogativas é comprometer a própria essência da Constituição, que pretende instituir um Estado democrático de direito.

Art. 93. (...)

VIII-A – a remoção a pedido ou a permuta de magistrados de comarca de igual entrância atenderá, no que couber, ao disposto nas alíneas "a", "b", "c" e "e" do inciso II; (...)

Comentários – Este inciso é totalmente novo, mas veio suprir uma lacuna que já vinha sendo preenchida por meio de Resoluções de Tribunais, pois a permuta tornou-se rotineira entre os juízes até de Tribunais Regionais Federais e do Trabalho distintos. E o pedido de remoção para comarca de igual entrância constitui uma prerrogativa, uma vez que, antes de preencher as comarcas vagas, abre-se o concurso de remoção.

Seu objetivo é coibir uma velha prática entre os juízes, que, ante o direito à remoção, abandonavam muito antes os processos da Comarca. Ao direito de remoção a pedido foram exigidas as mesmas condições para a promoção por merecimento. Justifica-se isso, porque muitas remoções têm efeito de promoção.

E nesse concurso de remoção ou de permuta a aferição do merecimento obedecerá às seguintes regras: *a)* é obrigatória a remoção ou a permuta do juiz que figurar três vezes consecutivas ou cinco alternadas em lista tríplice; *b)* pressupõe dois anos de exercício na respectiva entrância (ou equivalente, dado que na Justiça Federal e na do Trabalho não há essa divisão) e integrar o juiz a primeira quinta parte da lista de antiguidade desta, salvo se não houver com tais requisitos quem

COMENTÁRIOS AO TEXTO DA EC 45, DE 8.12.2004

aceite o lugar vago; *c)* aferição do desempenho (positivo) dos concorrentes; *d)* não houver o concorrente retido injustificadamente autos para além dos prazos legais ou devolvido sem decisão.

Art. 93. *(...)*

*IX – todos os julgamentos dos órgãos do Poder Judiciário serão públicos, e fundamentadas todas as decisões, sob pena de nulidade, podendo a lei limitar a presença, **em determinados atos, às próprias partes e a seus advogados, ou somente a estes, em casos nos quais a preservação do direito à intimidade do interessado no sigilo não prejudique o interesse público à informação;** (...)*

Comentários – A redação marcada é toda inovadora, porquanto o texto anterior condicionava o julgamento reservado somente ao interesse público. No novo texto, o que determina se a sessão será aberta ou reservada é a preservação do direito à intimidade do interessado no sigilo, desde que isto não prejudique o interesse público à informação. Ou seja, a publicidade somente será dada se a informação for identificada como de interesse público. E como tal, deve limitar-se à sua utilidade pública, nunca extrapolando para as raias da ofensa e da obtenção de vantagens com a informação. Trata-se de uma adequação para pôr em primeiro lugar o valor da pessoa humana, sem, contudo, excluir o interesse público à informação, devidamente demonstrado.

A parte antiga do texto diz respeito à obrigatoriedade de fundamentar as decisões. Com efeito, dizia Carnelutti que a sentença que decide bem, mas fundamenta mal é uma sentença desqualificada. Na verdade, é pela fundamentação que a decisão judicial se legitima. A fundamentação integra o princípio do devido processo legal e, segundo Vigo, cumpre as funções: *a) legitimadora*, tanto do resultado como do sujeito intérprete; *b) de controle* pelas instâncias revisoras; *c) informativo-explicativa*; *d) persuasiva*; *e) pedagógica*, contribuindo à análise do conhecimento jurídico.[3]

É ainda Vigo quem fornece os requisitos da justificação do Direito: *a) coerência* ou ausência de contradição; *b) universalidade* ou igual

---

3. Francisco Meton Marques de Lima, "O Valor na Argumentação Jurídica", in *O Resgate dos Valores na Interpretação Constitucional*, Fortaleza, ABC Editora, pp. 147-194, 2001.

aplicação aos casos iguais; *c) sinceridade*, evitando sofismas; *d) eficiência*, ou direcionada à resolução do caso; *e) suficiência*, ou que expresse todos os argumentos fortes; *f) controvérsia*, ou que enfrenta os argumentos contrários; *g) contextualizada*, que alinha os seus argumentos fiel à idéia de sistema.[4]

A ausência de fundamentação torna nula a sentença. Da mesma forma, a omissão em relação às questões postas pode nulificá-la, por insuficiência de prestação jurisdicional.

No plano infraconstitucional, o art. 813 da CLT diz que as audiências nos órgãos da Justiça do Trabalho serão públicas; idêntico preceito encontra-se no art. 444 do CPC. O art. 155 do CPC trata das audiências restritas às partes e seus advogados, nos casos que requeiram segredo de justiça, assegurando-se, contudo, ao terceiro interessado, certidão da parte dispositiva do acórdão ou sentença, desde que demonstre interesse jurídico e não meramente econômico.

> ***Art. 93. (...)***
>
> *X – as decisões administrativas dos tribunais serão motivadas **e em sessão pública**, sendo as disciplinares tomadas pelo voto da maioria absoluta de seus membros; (...)*

Comentários – A alteração consistiu em tornar obrigatória a sessão pública, dado que muitos tribunais adotavam a prática da sessão administrativa fechada. Essa prática feria a regra da transparência da Administração Pública. Sem dúvida, feria o princípio da publicidade, que se impõe como um dos condicionantes da validade dos atos administrativos, conforme preconizado no art. 37, já regulamentado na Lei do Processo Administrativo (Lei 9.784/1999). Contudo, se o caso guarda semelhança ao comentado no inciso IX – *preservação do direito à intimidade do interessado* –, é de aplicar-se aquela regra.

A obrigatoriedade de motivação já constava do texto antigo. Com efeito, a motivação constitui princípio implícito da administração pública, e expresso na Lei 9.784/1999, que regulamenta o processo admi-

---

4. Rodolfo Luis Vigo, *Interpretación constitucional*. Buenos Aires, Rubinzal Culzoni Editores, 1999, pp. 37-38.

COMENTÁRIOS AO TEXTO DA EC 45, DE 8.12.2004   41

nistrativo. A motivação deve ser jurídica, técnica e coerente, pois é uma imposição dos princípios democrático e do Estado de Direito, pondo fim ao argumento de autoridade.

Esse dispositivo é auto-aplicável, porque apenas se harmoniza com o Ordenamento Jurídico nacional.

Art. 93. (...)

XI – nos tribunais com número superior a vinte e cinco julgadores, poderá ser constituído órgão especial, com o mínimo de onze e o máximo de vinte e cinco membros, para o exercício das atribuições administrativas e jurisdicionais delegadas da competência do tribunal pleno, provendo-se metade das vagas por antigüidade e a outra metade por eleição pelo tribunal pleno; (...)

Comentários – A primeira correção foi incluir que a competência do Pleno passada para o Órgão Especial decorre de *delegação*. A outra alteração diz respeito ao modo de composição: metade por antigüidade e metade por eleição do tribunal. Isto veio corrigir uma certa dominação por parte do grupo dos mais antigos, que, geralmente, monopolizavam as decisões de competência desse órgão. Sem dúvida, essa fórmula areja mais o órgão especial. Foi uma vitória dos órgãos de representação da magistratura, que defendem a democratização do Judiciário.

De fato, o Órgão Especial alberga a competência do Tribunal Pleno, açambarcando o que há de mais importante na Corte, como promoção, remoção, afastamento de juízes etc. Por isso, foi salutar a alteração, a qual proporciona a oportunidade de uma composição mais plural. Contudo, esse preceptivo carece de regulamentação, ainda que mediante Resolução Administrativa.

Art. 93. (...)

XII – a atividade jurisdicional será ininterrupta, sendo vedado férias coletivas nos juízos e tribunais de 2º grau, funcionando, nos dias em que não houver expediente forense normal, juízes em plantão permanente. (...)

Comentários – Totalmente novo, este inciso põe fim às férias forenses nos juízos de primeiro e segundo graus, ou seja, nos Tribunais de Justiça, nos Tribunais Regionais Federais, nos Tribunais Regionais do Trabalho e nas respectivas Varas, bem como nos juízos eleitoral e militar. O recesso forense da Justiça Federal e do Trabalho dava-se no período de 19 de dezembro a 6 de janeiro, com base a Lei 5.010/1966. Doravante, os magistrados gozarão suas férias individualmente e não mais de modo coletivo. Mesmo nos dias em que não houver expediente forense, será mantido um plantão permanente de juízes. Assim, nos dias de sábado, domingo e feriado, em regime de vinte e quatro horas, os tribunais serão obrigados a manter um plantão permanente, no primeiro e segundo graus. Isto para que o cidadão possa socorrer-se da Justiça em todos os momentos. Digamos que uma providência tenha que ser adotada fora do expediente forense e que necessite da atuação judicial. A Justiça do Trabalho, com a competência expressa para expedir *habeas corpus* em matéria de sua jurisdição, também estará sujeita a este preceito.

Em relação ao fim das férias coletivas, há que entender-se que o preceptivo é auto-aplicável, porque comporta no programa normativo da Constituição. Da mesma forma, quanto aos plantões em domingos e feriados a matéria comporta execução imediata; entretanto, enquanto não editado o Estatuto da Magistratura, requer regulamentação mediante Resolução Administrativa dos Tribunais.

Art. 93. (...)

XIII – o número de juízes na unidade jurisdicional será proporcional à efetiva demanda judicial e à respectiva população; (...)

Comentários – Inciso acrescentado também pela EC 45/2004, para dar suporte às iniciativas legais no sentido de criar, remover, ou extinguir cargos de juiz, a fim de adequação à demanda de cada localidade. Essa providência alvitra viabilizar a solução dos processos dentro de um prazo razoável, conforme professado no art. 5º, LXXVIII.

Na verdade, o número de juízes no Brasil é muito desproporcional ao número de habitantes, gerando uma grande demanda contida. Por sua vez, a litigiosidade no Brasil é demasiadamente elevada, porque a consciência ética, do dever pelo dever, ainda é incipiente, de modo que a grande maioria das pessoas só cumpre seus deveres mediante a atuação do Poder Público. Outro dado diz respeito ao descrédito do brasileiro nos órgãos extrajudiciais de solução dos conflitos: ainda é o carimbo oficial que encanta.

Este inciso, introduzido pela EC 45/2004, diz o óbvio e não constitui novidade no ordenamento jurídico brasileiro. No âmbito trabalhista, p. ex., a Lei 6.947/1981 determina os critérios para a criação de novas Varas, os quais podemos assim resumir:

a) de 2 em 2 anos o TST analisa propostas de criação de novas Varas, encaminhando projeto de lei ao Governo;

b) é preciso que existam mais de 24.000 empregados na localidade ou que tenham sido ajuizadas 240 reclamações trabalhistas anuais, em média, nos últimos 3 anos;

c) nas localidades onde já existam Varas só serão criadas outras quando o número de processos por ano exceder 1.500, em cada órgão;

d) a jurisdição de uma Vara é estendida, pela lei que a cria, aos Municípios próximos num raio máximo de 100 km da sede, desde que existam meios de acesso e de comunicação regulares com os referidos locais.

De todo modo, o inciso XIII, sob comento, é norma a ser complementada por lei própria, uma vez que ele não explicita critérios específicos para definição do número de juízes na unidade jurisdicional. Afinal, "demanda judicial" e "população" são conceitos fluidos, que precisam de melhor definição para a criação de cargos de juiz, dentro de uma proporcionalidade que se tenha por adequada à sociedade brasileira e ao que suportem os cofres públicos.

> *Art. 93. (...)*
>
> *XIV – os servidores receberão delegação para a prática de atos de administração e atos de mero expediente sem caráter decisório. (...)*

Comentários – Também totalmente novo, este inciso veio constitucionalizar e tornar geral o que já fizera a Lei 8.952/1994, que deu a atual redação ao art. 162, § 4º, do CPC, em relação ao Processo Civil: "Os atos meramente ordinatórios, como a juntada e a vista obrigatória, independem de despacho, devendo ser praticados de ofício pelo servidor e revistos pelo juiz quando necessário".

Como está posto, a delegação aos servidores poderá advir de lei, atos dos tribunais, ou mesmo do juiz titular da Vara. Contudo, a delegação não poderá alcançar atos decisórios, sob pena de nulidade absoluta da delegação e do ato praticado pelo servidor. Essa providência alivia a sobrecarga de serviço que recai sobre os ombros do juiz, dividindo responsabilidade com o corpo funcional, que, por sua vez, se profissionaliza, se capacita e organiza-se em quadro de carreira. Trata-se de mais uma providência em homenagem à celeridade e à boa técnica processual.

Alçada à Constituição, a determinação de que a prática de "atos de administração" e de "atos de mero expediente" serão delegados aos servidores se aplica a todos os ramos processuais (civil, penal e trabalhista) e a todos os órgãos do Judiciário, em todas as suas instâncias. O verbo está na forma cogente ("os servidores *receberão* delegação"), o que implica que o Judiciário não terá a faculdade, mas o dever de promover a delegação mencionada.

Por "atos de mero expediente" entendem-se os ordinatórios, aproveitando a dicção do § 4º do art. 162, CPC, há pouco transcrito; os que não tenham conteúdo decisório, não sejam sentenças nem decisões interlocutórias, pois estes são atos próprios do magistrado, indelegáveis por sua natureza.

Chamam-se "atos de administração" os referentes ao exercício da função administrativa do Judiciário, sendo conceituados pelo Direito Administrativo. "Atos de administração" são aqueles próprios da Administração; e não aqueles simplesmente praticados pela Administração, que podem se dar no âmbito privado, e que são chamados de "atos *da* Administração". "Atos de administração" é expressão que se aproxima muito mais de "atos administrativos" e de "atos de gerenciamento". A delegação desses atos é aos servidores do próprio Judiciário, não se permitindo terceirização nem a delegação a servidores dos outros Poderes, eis que feriria a autonomia administrativa do Judiciário (art. 99, CF) e a independência dos Poderes (art. 2º, CF).

Contudo, é prudente que os tribunais disciplinem por Resolução Administrativa essa matéria, discriminando os atos que serão delegados aos servidores.

Art. 93. (...)

XV – a distribuição de processos será imediata, em todos os graus de jurisdição.

COMENTÁRIOS AO TEXTO DA EC 45, DE 8.12.2004 45

Comentários – Mais um inciso novo, com o intuito de pôr cobro a costumes dos tribunais de só distribuir processos em dias determinados da semana, e em certa quantidade, indiferente ao volume crescente que aguarda distribuição. Em muitos tribunais o processo esperava até dois anos só para ser distribuído a um juiz relator e a partir daí iniciar sua tramitação na instância *ad quem*.

A providência constitucionalizada, de imediato não garante a sonhada celeridade processual, porém exercerá uma pressão natural sobre os julgadores, porquanto todo o contingente processual estar-lhes-á vinculado. E aquele que for mais operoso terá à sua disposição todo o volume a si afetado.

Manoel Antonio Teixeira Filho chama a atenção sobre a atecnia do termo, pois *processo* é um método ou técnica de solução de conflitos. O correto seria dizer-se distribuição dos feitos ou dos autos, que traduzem a existência material dos atos processuais.[5] Entretanto, tem-se que o uso do termo *processo* para traduzir autos já é de domínio comum, harmonizando-se com o princípio segundo o qual a linguagem da Constituição deve ser entendida em seu sentido popular, o que ampara a opção do constituinte derivado.

6. O quinto constitucional

Art. 94. Um quinto dos lugares dos Tribunais Regionais Federais, dos Tribunais dos Estados, do Distrito Federal e Territórios será composto de membros, do Ministério Público, com mais de dez anos de carreira, e de advogados de notório saber jurídico e de reputação ilibada, com mais de dez anos de efetiva atividade profissional, indicados em lista sêxtupla pelos órgãos de representação das respectivas classes.

Parágrafo único. Recebidas as indicações, o tribunal formará lista tríplice, enviando-a ao Poder Executivo, que, nos vinte dias subseqüentes, escolherá um de seus integrantes para nomeação.

Comentários – Não houve alteração nesses dispositivos. Entretanto, cabe esclarecer o seguinte: compete ao Conselho Federal da OAB

5. "A Justiça do Trabalho e a Emenda Constitucional n. 45/2004", *Revista LTr de Legislação do Trabalho*, São Paulo, LTr, vol. 69, n. 1, jan./2005, pp. 5-29.

indicar a lista sêxtupla quando o tribunal tiver jurisdição nacional ou interestadual. E compete ao Conselho da OAB de cada Estado indicar a lista sêxtupla para os Tribunais de Justiça dos Estados e para os Tribunais Regionais cuja jurisdição não passe de um Estado.

Dos Tribunais Superiores, só o TST segue essa proporção.

Só pode ser indicado advogado em *efetiva atividade profissional* há mais de dez anos. Assim, não basta a simples inscrição na OAB, mas a prova do efetivo exercício da advocacia. Logo, exclui-se da contagem do tempo o período em que o advogado esteve no exercício de atividades incompatíveis com a advocacia.

Não podem concorrer à lista os membros de qualquer órgão da OAB e seus conselheiros (Lei 8.906/1994, art. 54, XIII), para evitar o tráfico de influência nos processos de escolha. Se esses membros quiserem concorrer às listas sêxtuplas, deverão renunciar aos cargos antes da deflagração do processo para preenchimento no tribunal da vaga destinada a advogado.

A reputação ilibada será comprovada mediante certidões negativas dos cartórios do crime e do cível de onde tenha o advogado residido nos últimos cinco anos, bem como do Conselho de Ética da Seccional da OAB. Com efeito, não será razoável introduzir num tribunal, agora como Juiz da Corte, um advogado contra o qual correm processos que denotem seu pouco zelo como cidadão e como advogado.

Contudo, cumpre esclarecer que esse preceito tem sido maltratado em vários aspectos, como p. ex., o saber notório do advogado, nem sempre aferido por critérios objetivos, como conclusão de cursos de pós-graduação e/ou de publicação de obras jurídicas de razoável importância, apesar da existência de Provimento da OAB sobre a matéria; da mesma forma, o Executivo não tem respeitado o prazo de 20 dias para proceder à escolha referida no parágrafo único acima, gastando meses a fio para defini-la.

Dos membros do Ministério Público exige-se apenas que tenham mais de dez anos de carreira. Isto porque os outros requisitos já foram examinados por ocasião da investidura no serviço público e sua conduta está sempre sob as constantes correições e comissões disciplinares. Nos dez anos de carreira, tem-se recusado o aproveitamento de tempo prestado em cargo de outro ramo do Ministério Público.

COMENTÁRIOS AO TEXTO DA EC 45, DE 8.12.2004

7. Garantias e vedações da magistratura

Art. 95. *Os juízes gozam das seguintes garantias:*
I – vitaliciedade, que, no primeiro grau, só será adquirida após dois anos de exercício, dependendo a perda do cargo, nesse período, de deliberação do tribunal a que o juiz estiver vinculado, e, nos demais casos, de sentença judicial transitada em julgado; (...)

Comentários – Este inciso indica duas espécies de decisões para perda do cargo: uma administrativa e outra judicial. Para a primeira, os tribunais constituem Comissão de Vitaliciamento, a qual analisa a atuação do magistrado vitaliciando sob todos os aspectos, conduta, produtividade, qualidade de sua produção, freqüência e aproveitamento em curso de aperfeiçoamento de magistrados etc., recomendando ao tribunal o vitaliciamento ou a abertura de processo disciplinar, se algo pesar contra. O tribunal ou o órgão especial deliberará pelo voto da maioria absoluta de seus membros. A outra hipótese decorre de sentença condenatória transitada em julgado que implique a perda do cargo.

Art. 95. *(...)*
II – inamovibilidade, salvo por motivo de interesse público, na forma do art. 93, VIII; (...)

Comentários – O inciso remete ao art. 93, VIII, alterado pela EC 45/2004. Essa alteração, como assinalamos nos Comentários ao inciso modificado, torna o magistrado mais vulnerável, por dois motivos: *a)* primeiro porque sua conduta estará sujeita a avaliação por dois órgãos distintos e independentes – o Tribunal e o Conselho Nacional de Justiça; escapando de um poderá ser colhido pelo outro; *b)* segundo porque diminuiu o *quorum* condenatório, que antes era de dois terços dos votos da Corte, ou de seu Órgão Especial, e agora basta maioria absoluta de votos do tribunal ou de seu órgão especial (metade do número da composição legal mais um) ou do CNJ (como este é composto de quinze membros, a decisão será pelo voto de nove).

Art. 95. *(...)*
III – Irredutibilidade de subsídio, sujeito, entretanto, aos impostos gerais, inclusive o de renda e ao previsto nos arts. 37, X e XI, 39, § 4º, 150, II, 153, III e § 2º, I. (...)

48 REFORMA DO PODER JUDICIÁRIO

Comentários – Os juízes estão sujeitos a todos os tributos gerais e às contribuições previdenciárias oficiais, cuja criação ou majoração não caracteriza, para os efeitos da lei, a redução salarial. A redação do inciso foi dada pela EC 42/2003, que tratou da Reforma Tributária. Antes, já fora objeto da EC 19/1998.

Art. 95. (...)

Parágrafo único. Aos juízes é vedado:

I – exercer, ainda que em disponibilidade, outro cargo ou função, salvo uma de magistério; (...)

Comentários – a vedação diz respeito a cargo ou função públicos, não albergando atividades privadas que não sejam incompatíveis com o exercício da magistratura. Aliás, esses conceitos são típicos do Direito Administrativo, harmonizando-se com o princípio geral da inacumulabilidade de cargos públicos (art. 37, XVI, CF). Até porque a regra é restritiva de liberdade, e, como tal, sua interpretação deve aninhar-se aos limites do texto, restritivamente, por ofender o direito fundamental da liberdade de trabalho (art. 5º, XIII, CF). O dispositivo é voltado ao setor público, para evitar acumulação, e, quanto ao setor privado, para afastar que o magistrado dê prioridade ao exercício de outras funções, em detrimento da judicatura, prejudicando a tutela jurisdicional. A propósito, a Resolução 336/03, do Conselho da Justiça Federal proibia ao juiz de exercer mais de um cargo de magistério, mesmo em instituição privada, mas o STF, chancelando liminar concedida pelo Min. Nelson Jobim, na MC na ADI 3.126-DF, na sessão de 18.2.2005, suspendeu a sua eficácia, por vislumbrar plausível inconstitucionalidade. Com isso, a proibição em abstrato deixa de existir, ficando os casos em concreto para a apreciação de cada Tribunal, que verificará até que ponto o magistério estará prejudicando o exercício da magistratura. Este prejuízo é constatável pelos atrasos processuais, constantes adiamentos de audiências, aulas no horário de expediente normalmente destinado à prática dos atos forenses pelo juiz, queda significativa da qualidade das peças processuais, falta de colaboração com os órgãos superiores em virtude de compromissos do magistério, desleixo ou descaso pela função judicante etc.

Art. 95. (...)

II – receber, a qualquer título ou pretexto, custas ou participação em processo;

COMENTÁRIOS AO TEXTO DA EC 45, DE 8.12.2004

III – dedicar-se à atividade político-partidária; (...)

Comentários – O inciso II é auto-explicativo. Já o III implica que o magistrado não pode filiar-se a partido político, nem participar de campanhas eleitorais. Entretanto, como cidadão e eleitor, tem o direito de manifestar suas preferências e de participar de atos cívicos, tanto mais ostensivamente quanto distante do seu domicílio profissional.

Art. 95. *(...)*
IV – receber, a qualquer título ou pretexto, auxílios ou contribuições de pessoas físicas, entidades públicas ou privadas, ressalvadas as exceções previstas em lei; (...)

Comentários – Inciso acrescentado para coibir qualquer eventual tipo de patrocínio ao magistrado, quer para auxiliar na sua manutenção, quer para financiar suas ações no exercício da magistratura. Ou seja, o juiz deve planejar sua vida para sobreviver do seu subsídio.

O(a) juiz(a) define-se pela simplicidade, serenidade, equilíbrio, espiritualidade, desprendimento, altivez e prudência. Assim, todas as suas despesas têm que ser planejadas para caber no seu subsídio, pois o magistrado desorganizado em seus gastos e na sua vida pessoal em geral não tem qualidade para julgar os outros e restituir a paz social abalada por ato de outrem.

Na verdade, o juiz tem que ser imparcial, e só será imparcial quem gozar da liberdade, cujo pressuposto é a independência, já professava Kant. Logo, quem se socorre do auxílio de outrem aliena parte de sua independência, consciente ou inconscientemente, ostensiva ou veladamente.

Só se legisla sobre fatos persistentes. Pois bem, este inciso vem pôr cobro ao mau costume de alguns juízes, de exigirem das prefeituras as instalações residenciais, o transporte e outros auxílios, coonestados por alguns tribunais. Tal conduta põe em dúvida a independência do juiz, que fica sem moral para processar com imparcialidade as ações contra atos da administração municipal (de seus gestores, parentes e apadrinhados), resultando em grave prejuízo para o jurisdicionado.

O Juiz integra o Poder Judiciário, que é independente do Legislativo e do Executivo. E mais: constitui o Poder com atribuições institucionais

50 REFORMA DO PODER JUDICIÁRIO

de controlar os outros dois. Como o juiz pode controlar o Poder cujos dirigentes lhe prestam gentilezas? Ademais, é nas Prefeituras do interior que se perpetram as maiores ilegalidades, o abuso de poder e os desvios de verbas públicas, o grande ralo do dinheiro público. E nesses novos tempos, de intolerância com a corrupção e na campanha para pôr o Estado, em todas as suas expressões, na trilha da legalidade, essa atribuição é confiada ao Ministério Público e à Justiça.

Com efeito, a corrupção instala-se em cadeia (onde deveria terminar), os dirigentes de uns órgãos envolvendo outros em favores, culminando numa teia cuja ponta do fio é inacessível. Aceitando favores de outros órgãos do Poder, o(a) juiz(a) estará corroborando com eventuais ilícitos dos prestadores de tais "favores". Doravante, o magistrado que assim proceder estará passível de exemplar punição disciplinar, cabendo à sociedade e ao Ministério Público fiscalizar o cumprimento deste preceito.

No inc. IV encontra-se a proibição ao juiz de receber auxílios ou contribuições de pessoas físicas, entidades públicas ou privadas, salvo o previsto em lei. O princípio, então, é o de ser vedada a percepção de auxílio e de contribuição. As exceções a esta proibição serão autorizadas por lei, que regulamentará o dispositivo.

Pode até ser que o constituinte derivado tenha tentado limitar a atividade do juiz a, no máximo, exercer o magistério (inc. I). Mas não foi isso o que conseguiu dizer.

A palavra "auxílio" (do latim *auxilium,* de *augere*) traz consigo a idéia de ajuda, assistência, socorro. E assim tem sido entendida no campo jurídico.[6] Para Mesquita de Carvalho, auxílio significa "socorro, proteção, ajuda, arrimo, subsídio".[7] Daí vem o seu sentido de ajuda financeira ou material graciosa, destinada a cobrir despesas avulsas em geral.

Sobre o termo "contribuição", convém transcrevermos De Plácido e Silva, *litteris:*

"*Contribuição.* Derivado do latim *contributio,* de *contribuere* (dar para o monte, fornecer em sua parte), na terminologia jurídica não possui sentido diverso daquele que lhe vem do latim: entende-se a parte que se atribui a uma pessoa ou a participação que deve ter para a for-

6. De Plácido e Silva, *Vocabulário Jurídico*, 3ª ed., vol. 1, Rio de Janeiro, Forense, 1991, p. 257, verbete "Auxílio".
7. J. Mesquita de Carvalho, *Dicionário 2001 do Homem Moderno*, 32ª ed., São Paulo, Editora Egéria, 1971, p. 130, verbete "Auxílio".

COMENTÁRIOS AO TEXTO DA EC 45, DE 8.12.2004   51

mação de qualquer acervo ou cumprimento de qualquer obrigação. A contribuição, em sentido comum, pode ser voluntária. A pessoa contribui com a sua parte, porque espontaneamente quer. Mas, na esfera jurídica, em regra, a contribuição, resultante de obrigação ou de imposição legal é obrigatória, seja tomada no sentido fiscal, ou seja tida no conceito do Direito Civil ou Comercial. No conceito fiscal, a contribuição é o imposto: é a parte a que está sujeito o cidadão, para que contribua para a formação dos fundos necessários ao custeio das despesas públicas. No Direito Civil ou Comercial, é a parte que cabe aos coobrigados pelo pagamento de uma dívida comum ou de um fato de interesse comum, tal como, na avaria grossa, para cumprimento da obrigação ou regularização da avaria. A contribuição, assim, é a parte de cada um no rateio, que se promove, e a que é obrigado em virtude de estar a seu cargo o pagamento da dívida, ou a responsabilidade do pagamento, que por este modo se efetiva. Desse modo, contribuição sempre possui este significado, sob o ponto de vista jurídico: é a parte com que, obrigatoriamente, a pessoa deve entrar ou deve fornecer para adimplemento da obrigação, de que é também solidário, ou para satisfazer o pagamento de despesas que, direta ou indiretamente, se põem a seu cargo".[8]

Mesquita de Carvalho aponta que contribuição é "ação de contribuir. Parte com que cada pessoa entra para uma despesa comum". Na idéia de contribuir está a de "cooperar".[9] Aurélio Buarque de Holanda vê em *contribuição* (do latim *contributione*) "1. ato ou efeito de contribuir; 2. Quinhão, cota, tributo". E, em *contribuir*: "1. Cooperar, colaborar, concorrer; 2. Ter parte (em um resultado), concorrer; 3. Pagar contribuição; 4. Entrar com, fornecer; 5. Cooperar, fornecendo ou proporcionando (algo); 6. Restritivo: ter parte numa despesa comum".[10]

O inc. IV do art. 95, não trata de vencimentos, subsídios e remunerações, na proibição aos juízes. Quanto aos "subsídios" (antigos "vencimentos"), encontram vedação no inc. I, e não no inc. IV, por estarem vinculados ao regime de cargo no âmbito da administração pública, vedada a acumulação aos juízes, excetuado o magistério. Não teria sentido a mesma vedação vir em dois incisos diferentes: incs. I e IV. Seria

8. De Plácido e Silva, *Vocabulário Jurídico*, cit., p. 557, verbete "Contribuição".
9. *Dicionário 2001 do Homem Moderno*, cit., p. 295, verbetes "Contribuição" e "Contribuir".
10. Aurélio Buarque de Holanda, *Dicionário Aurélio Eletrônico – Século XXI*, versão 3.0. São Paulo, Lexikon Informática Ltda./Editora Nova Fronteira, 1999, verbetes "Contribuição" e "Contribuir".

repetição desnecessária. Os "subsídios" se referem a exercício de cargo ou função definitivos ou, para os efeitos do art. 37, IX, CF, de contratação temporária, modalidade inexistente na magistratura. Já o auxílio e a contribuição, destinados a agentes ou autoridades públicas, não implicam, necessariamente, continuidade ou constância no pagamento. Qualquer uma destas modalidades pode configurar quando conferida uma única vez que seja.

Embora a contribuição tenha caráter pecuniário, o auxílio pode ser pecuniário ou consistente em meios materiais, como a entrega de gasolina, de veículos, de objetos móveis ou imóveis etc. Característica do auxílio é a graciosidade, ajuda sem causa nenhuma. Já a contribuição deriva de uma colaboração para cobrir despesa comum, assumida ou contraída em regime de cooperação. Então, é necessário haver algum vínculo entre o contribuinte e o beneficiário da ação respectiva. Nem sempre estas modalidades, especialmente o auxílio, vêm acompanhados de um serviço ou uma atividade excepcional que as justifiquem, até mesmo em razão da sua descontinuidade e da sua "gratuidade". Como a experiência tem evidenciado que os "agrados" aos juízes vêm contaminados de outros interesses e vinculações ilícitos, é que a Constituição os proibiu: o magistrado não os pode receber, seja a que título for, de pessoa física ou jurídica, pública ou particular. Nos Municípios, p. ex., não pode o magistrado aceitar as benesses oferecidas pelos Prefeitos da Comarca, havendo de recusar, terminantemente, o pagamento de sua gasolina, o empréstimo de veículo para uso particular e outras oferendas.

Resta, no entanto, analisar a hipótese do magistrado receber "remuneração" de entidade pública ou particular, como forma de contraprestação a serviço efetivamente prestado. Isto só é possível se não houver nenhum comprometimento à atividade judicial, direta ou indiretamente nem ponha em dúvida objetiva a função judicial. Exercer o comércio, obviamente, é altamente comprometedor à judicatura, em razão da busca incessante do lucro, da concorrência e do envolvimento especulativo que a atividade desperta.

Todavia, insistimos em que a participação de magistrado em Congressos, Seminários, Debates jurídicos e congêneres, mesmo quando remunerados, são permitidos, em face da natureza científica, da discussão doutrinária, da atualização e compartilhamento de idéias e conhecimento destes eventos. Importante ator social, o juiz não pode ser impedido de participar das discussões jurídicas que o cercam. Sua vivência

COMENTÁRIOS AO TEXTO DA EC 45, DE 8.12.2004

tem muito a ser compartilhada, especialmente repassada à juventude. O que não pode é o juiz tornar esta atividade sua profissão, a ponto de comprometer o trabalho perante a judicatura. Esta sempre vem em primeiro lugar. Portanto, é lícito e justo receber retribuição por palestras e debates, além do custeio pelo seu deslocamento, alimentação e estadia.

O magistério em Instituição superior de ensino privado, por si só, não encontra vedação no inc. I do art. 95, porque ele se refere a cargo ou função no âmbito público. Tal previsão visa a impedir a cumulatividade, tal como ocorre com o servidor público em geral, que admite também as exceções da cumulatividade de cargo técnico ou científico e a dos profissionais da saúde (o que, obviamente, não poderia ser permitido ao magistrado, devido à natureza do seu cargo) – art. 37, XVI, CF. Enfim, o inciso I se refere ao âmbito da Administração Pública, em qualquer de suas esferas (federal, estadual, municipal ou distrital). Não alcança as funções exercidas no setor privado. Para este, há o inc. IV, aqui fartamente referido. E, neste âmbito, não há limitação à função de magistério.

Em tudo, é preciso extrair o sentido da norma. A primeira intenção do legislador foi, justamente, a de evitar que o magistrado passe a receber auxílios e contribuições de forma graciosa ou tendente a macular a honradez do cargo, o que comprometeria sua isenção e imparcialidade. O outro objetivo do constituinte foi o de evitar que o magistrado se deixe consumir pelas atividades extramagistratura, em detrimento da judicatura, o que se pode verificar se houver constante atraso processual, má qualidade do serviço, peças processuais mal elaboradas, ausências constantes ao trabalho e adiamentos reiterados e injustificados de audiências.

A Academia deve ser estimulada. Aliás, ela depende muito das lições dos magistrados, dos membros do Ministério Público, da Advocacia e dos consultores em geral. Estes profissionais têm muito a passar para os acadêmicos, para os estudantes. E, por sua vez, tais profissionais do Direito também precisam bastante da Academia, porque é ela que alumia seus olhos, que apresenta as múltiplas facetas dos institutos jurídicos, que se aprofunda nos fundamentos dos diversos temas do Direito, que estimulam o senso crítico. É inconcebível, portanto, que o legislador almeje separar a Magistratura da Academia, do palco cultural, da fonte da intelectualidade, isolando-a do contato dialético da ciência. Isto deporia contra a necessária qualificação do juiz, quando é a própria CF (art. 93, II, "c", e art. 93, IV) que o exige. Fica, contudo, a cargo das Corregedorias, municiadas do instrumental probante e observado o direito de defesa, analisar, caso a caso, se determinado juiz está destinando suas atividades ao magistério em detrimento da judicatura, a tal ponto de prejudicar esta e acarretar prejuízo processual aos jurisdicionados.

Foi o isolamento dos juízes uma das causas da crise de legitimidade do Judiciário, erro que não pode ser repetido.

Até mesmo as chamadas coordenadorias acadêmicas de pós-graduações – porque não implicam ato de gestão nem de política institucional da Universidade ou Faculdade, e não comprometem o atuar do juiz – podem ser desempenhadas pelo magistrado, observando-se a compatibilidade funcional, isto é, que não prejudique o atuar do juiz. Atualmente, p. ex., as pós-graduações ocorrem apenas em finais de semana ou no período noturno, em dias revezados, o que não consome o tempo do coordenador. Demais disso, as funções dos coordenadores acadêmicos, como o próprio nome já expressa, não têm para o seu titular a menor especulação financeira ou de administração da Instituição de Ensino, cingindo-se à elaboração de grade de disciplinas e de nomes de professores, os quais são contratados pela direção da Faculdade/ Universidade. Em regra, esta atividade sequer gera vínculo de emprego e o seu titular não possui poderes para admitir, contratar ou despedir professores e funcionários, limitando-se à sua indicação. Devido a esta flexibilidade de horários, torna-se possível, inclusive, o magistério em vários cursos, no caso de aulas somente nos finais de semana. Portanto, a princípio, nenhuma anomalia se tem aí. Enfim, o coordenador acadêmico não gerencia, não contrata professores, não demite, não remunera, não gerencia finanças, não aplica punição ao quadro docente nem ao discente. As aulas de Mestrado, de Doutorado e de Especialização promovem toda a Instituição, na medida em que esta acessa aos que formam opinião científica, contribuindo para a formação, construção e crítica do Direito.

A coordenação acadêmica por magistrados e membros do Ministério Público em cursos de Pós-Graduação constitui, em alguns casos, exigência natural dos cursos, como é o caso das escolas de aperfeiçoamento destas Instituições. E dita atividade há de ser remunerada, sem que isto ofenda nenhum preceito constitucional ou deponha contra a isenção do profissional. A gratuidade é que seria condenável, por ofender a dignidade do coordenador ou, pior, por sugerir pagamentos informais, em outras moedas ou em detrimento do fisco.

Quando uma prática se instala nas entranhas do sistema, não há mais como retirá-la. Só resta conviver com a realidade. Nenhuma norma se legitimará nem ganhará efetividade ignorando-a. E, atualmente, Magistratura e Ministério Público estão intimamente ligados à Academia, com membros lecionando em mais de uma Faculdade e exercendo coordenações acadêmicas de pós-graduações. É muito mais produtivo regulamentar esta realidade do que procurar retroceder para vedar totalmente a prática.

Art. 95. (...)

V – exercer a advocacia no juízo ou tribunal do qual se afastou, antes de decorridos três anos do afastamento do cargo por aposentadoria ou exoneração.

Comentários – É a popular "quarentena", catacrese para designar a proibição de o juiz advogar por três anos no juízo ou tribunal do qual se afastou por exoneração ou por aposentadoria. Mais uma inovação constitucional de salutar importância. Trata-se de medida moralizadora, pois não fica bem o juiz aposentar-se em um dia e já no outro estar advogando junto ao órgão a que serviu, com toda a sua influência de amizades, sob a reverência dos funcionários e de juízes de menor hierarquia, com o perfeito conhecimento dos trâmites burocráticos da repartição.

Presume-se que tal advocacia se dê com a vantagem do tráfico de influência, o que é prejudicial à parte adversa. A vedação, porém, limita-se ao juízo ou tribunal do qual se afastou, pois se presume que a advocacia em outro juízo ou em outro território estará isenta da influência maléfica. Assim, p. ex., aposentou-se como Juiz de Direito da Capital não estará sujeito à quarentena para advogar perante a Justiça Federal, a do Trabalho ou a Eleitoral.

Como se vê, juízo diz respeito às competências dos órgãos e não ao espaço geográfico. Logo, pode aposentar-se em um ramo do Judiciário e advogar em outro, na mesma localidade. Dúvidas surgem, p. ex., quanto ao exercício no mesmo juízo, mas em outra Comarca ou Vara; quando se aposenta no exercício do juízo cível e for advogar no juízo criminal.

A finalidade da norma é evitar o tráfico de influências, a facilitação, a intimidade do novo advogado com os meandros internos dos órgãos da Justiça. Como se trata de uma regra restritiva do exercício da liberdade profissional, assegurada pelo art. 5º, XIII, deve ser interpretada sem ampliações. Contudo, toda vez que se estabelecer razoável suspeita do favorecimento do advogado que foi juiz há menos de três anos, em razão do cargo de juiz, deve ser impugnada sua advocacia. A solução para o dilema, então, será tópica. Sugere Manoel Antonio Teixeira Filho que essa restrição já deva constar dos assentamentos da seccional da OAB onde o ex-juiz se inscrever (ob. cit. p. 11). Ao inscrever-se na OAB, o ex-juiz perde as prerrogativas de juiz e adquire as de advogado.

No juízo do qual o ex-magistrado se aposentou, cabe ao órgão, de ofício, por seu Presidente, Relator ou Juiz, exercer esse controle, rejeitando seus atos de advogado, quando for o caso. Nos demais casos, cabe aos interessados e ao Ministério Público suscitar a questão e impugnar sua advocacia. Assegura-se, em todas as hipóteses de impugnação, o contraditório e o direito de defesa do impugnado.

No regime da CF de 1967-1969, existia no Direito brasileiro quarentena do magistrado para advogar. Agora, ressuscita-se a proibição temporária. Apesar de louvável a intenção do constituinte, duvida-se que a medida resolva o crônico problema do tráfico de influência no Judiciário, que se concentra muito mais nos grandes escritórios de Advocacia.

Pela redação deste inciso V, a quarentena é de 3 anos do afastamento do cargo por aposentadoria ou exoneração. Tanto a aposentadoria por tempo de serviço, proporcional ou não, quanto a compulsória, proíbem a advocacia imediata. O caso de demissão (ruptura do vínculo por aplicação de penalidade extrema) fica excepcionado, não se lhe aplicando a quarentena, porque a norma não se refere a esta modalidade de ruptura e merecer interpretação restritiva.

A exoneração ocorre nos casos de ruptura do vínculo institucional do Magistrado com o Judiciário por não ter sido aprovado no estágio probatório ou a pedido. A primeira hipótese não foge totalmente do caráter punitivo ao Magistrado neófito que, não aprovado no estágio probatório, retornará às suas funções originárias, não levando consigo a remuneração do cargo nem tendo tido tempo suficiente para criar um círculo de amizades que o levasse ao tráfico de influência. Pode-se,

COMENTÁRIOS AO TEXTO DA EC 45, DE 8.12.2004   57

mesmo, fazer uma analogia com o "retorno", figura prevista na Lei 8.112/1990, consistente na volta ao cargo anterior do funcionário que não logra sucesso no estágio probatório de outro cargo público.

Há dúvida quanto à disponibilidade, em face do silêncio da lei. Defendemos que a disponibilidade por interesse público, decorrente de processo punitivo, por cessar a atividade de Magistrado, não exige a quarentena. No entanto, sendo a disponibilidade em virtude de extinção do cargo, caso em que o Magistrado ainda poderá ser aproveitado em outro órgão compatível, não pode ele advogar, devendo esperar a aposentadoria. Sobrevindo esta no curso da disponibilidade, desnecessária será a quarentena quando já afastado o Magistrado há três anos ou mais.

Por fim, registre-se, que a regra tem efeito imediato, porém não retroativo, não atingindo aqueles que se afastaram antes da promulgação da EC 45/2004.

8. Dos Tribunais

Art. 96. *Compete privativamente:*

I – aos tribunais:

a) eleger seus órgãos diretivos e elaborar seus regimentos internos, com observância das normas de processo e das garantias processuais das partes, dispondo sobre a competência e o funcionamento dos respectivos órgãos jurisdicionais e administrativos;

b) organizar suas secretarias e serviços auxiliares e os dos juízos que lhes forem vinculados, velando pelo exercício da atividade correicional respectiva;

c) prover, na forma prevista nesta Constituição, os cargos de juiz de carreira da respectiva jurisdição;

d) propor a criação de novas varas judiciárias;

e) prover, por concurso público de provas, ou de provas e títulos, obedecido o disposto no art. 169, parágrafo único, os cargos necessários à administração da Justiça, exceto os de confiança assim definidos em lei;

f) conceder licença, férias e outros afastamentos a seus membros e aos juízes e servidores que lhes forem imediatamente vinculados;

II – ao Supremo Tribunal Federal, aos Tribunais Superiores e aos Tribunais de Justiça propor ao Poder Legislativo respectivo, observado o disposto no art. 169:

a) a alteração do número de membros dos tribunais inferiores;

b) a criação e a extinção de cargos e a remuneração dos seus serviços auxiliares e dos juízos que lhes forem vinculados, bem como a fixação do subsídio de seus membros e dos juizes, inclusive dos tribunais inferiores, onde houver, ressalvado o disposto no art. 48, XV; (Redação dada pela Emenda Constitucional 19/1998.)

c) a criação ou extinção dos tribunais inferiores;

d) a alteração da organização e da divisão judiciárias;

III – aos Tribunais de Justiça julgar os juízes estaduais e do Distrito Federal e Territórios, bem como os membros do Ministério Público, nos crimes comuns e de responsabilidade, ressalvada a competência da Justiça Eleitoral.

Art. 97. *Somente pelo voto da maioria absoluta de seus membros ou dos membros do respectivo órgão especial poderão os tribunais declarar a inconstitucionalidade de lei ou ato normativo do Poder Público.*

Art. 98. *A União, no Distrito Federal e nos Territórios, e os Estados criarão:*

I – juizados especiais, providos por juízes togados, ou togados e leigos, competentes para a conciliação, o julgamento e a execução de causas cíveis de menor complexidade e infrações penais de menor potencial ofensivo, mediante os procedimentos oral e sumaríssimo, permitidos, nas hipóteses previstas em lei, a transação e o julgamento de recursos por turmas de juízes de primeiro grau;

II – justiça de paz, remunerada, composta de cidadãos eleitos pelo voto direto, universal e secreto, com mandato de quatro anos e competência para, na forma da lei, celebrar casamentos, verificar, de ofício ou em face de impugnação apresentada, o processo de habilitação e exercer atribuições conciliatórias, sem caráter jurisdicional, além de outras previstas na legislação.

§ 1º. Lei federal disporá sobre a criação de juizados especiais no âmbito da Justiça Federal. (parágrafo único do art. 98, transformado em § 1º pela EC 45/2004.) (...)

Comentários – Esse era o parágrafo único, incluído pela EC 22/1999 e transformado no § 1º pela EC 45/2004. Regulamentando esse preceito, a Lei 10.259, de 12.7.2001, instituiu os juizados federais especiais, para as ações cujo valor da causa seja de até 60 salários mínimos.

Art. 98. (...)

§ 2º. As custas e emolumentos serão destinados exclusivamente ao custeio dos serviços afetos às atividades específicas da Justiça.

Comentários – Este parágrafo foi acrescentado ao art. 98 e revela-se de grande importância, porque irá proporcionar o aparelhamento dos órgãos do Judiciário, para fazer frente à demanda advinda da Reforma. Com efeito, os orçamentos estatais registram só as despesas da Justiça, omitindo sua arrecadação.

A Justiça é sempre exigida e criticada, sem que lhe sejam garantidos os recursos para cumprir os seus fins. Entretanto arrecada vultosa quantia a título de custas e emolumentos, recolhidos ao Tesouro, sem que isso seja contabilizado em seu favor. Com esse preceptivo, visa-se a que os orçamentos contabilizem em favor dos órgãos judiciários as verbas que arrecadam a título de custas e emolumentos. Será mais uma fonte de recurso à disposição dos administradores da Justiça para aplicar em favor da realização dos fins alvitrados na Constituição.

Por atividades específicas da Justiça entenda-se a prestação jurisdicional, não podendo ser desviada para aumento de salário dos servidores, para construção de espaços de lazer, custeio de eventos sociais e esportivos, por exemplo.

Referido § 2º faz com que o valor das custas e emolumentos não seja incorporado ao patrimônio orçamentário do Executivo, mas, sim, ao do Judiciário, o que constitui novidade, contribuindo enormemente para a autonomia e independência financeira desse Poder. Incumbirá aos Presidentes dos Tribunais, portanto, verificar o que constitui *atividade-fim* do Judiciário para aplicar os recursos provenientes da rubrica de *custas e emolumentos,* sob pena de incidir em ilicitude punida segundo a Lei de Responsabilidade Fiscal, Lei Complementar 101, de 4.5.2000, e a Lei 1.079/1950.

9. Autonomia administrativa e financeira do Poder Judiciário

Art. 99. *Ao Poder Judiciário é assegurada autonomia administrativa e financeira.*

§ 1º. Os tribunais elaborarão suas propostas orçamentárias dentro dos limites estipulados conjuntamente com os demais Poderes na lei de diretrizes orçamentárias.

§ 2º. O encaminhamento da proposta, ouvidos os outros tribunais interessados, compete: I – no âmbito da União, aos Presidentes do Supremo Tribunal Federal e dos Tribunais Superiores, com aprovação dos respectivos tribunais; II – no âmbito dos Estados e no do Distrito Federal e Territórios, aos Presidentes dos Tribunais de Justiça, com a aprovação dos respectivos tribunais.

§ 3º. Se os órgãos referidos no § 2º não encaminharem as respectivas propostas orçamentárias dentro do prazo estabelecido na lei de diretrizes orçamentárias, o Poder Executivo considerará, para fins de consolidação da proposta orçamentária anual, os valores aprovados na lei orçamentária vigente, ajustados de acordo com os limites estipulados na forma do § 1º deste artigo.

§ 4º. Se as propostas orçamentárias de que trata este artigo forem encaminhadas em desacordo com os limites estipulados na forma do § 1º, o Poder Executivo procederá aos ajustes necessários para fins de consolidação da proposta orçamentária anual.

§ 5º. Durante a execução orçamentária do exercício, não poderá haver a realização de despesas ou a assunção de obrigações que extrapolem os limites estabelecidos na lei de diretrizes orçamentárias, exceto se previamente autorizadas, mediante a abertura de créditos suplementares ou especiais.

COMENTÁRIOS AO TEXTO DA EC 45, DE 8.12.2004   61

Comentários – Os três parágrafos acrescentados autorizam o Poder Executivo a agir, se o Poder Judiciário mostrar-se inerte na apresentação de sua proposta orçamentária, bem como autoriza o Executivo a enquadrar a proposta nos limites do planejamento orçamentário geral. Ou seja, a autonomia orçamentária dos tribunais cinge-se aos limites impostos pela Lei de Diretrizes Orçamentárias – LDO. E seus gestores devem rigorosa obediência à Lei de Responsabilidade Fiscal, Lei Complementar 101/2000.

10. Precatórios

Art. 100. À exceção dos créditos de natureza alimentícia, os pagamentos devidos pela Fazenda Federal, Estadual ou Municipal, em virtude de sentença judiciária, far-se-ão exclusivamente na ordem cronológica de apresentação dos precatórios e à conta dos créditos respectivos, proibida a designação de casos ou de pessoas nas dotações orçamentárias e nos créditos adicionais abertos para este fim.

§ 1º. É obrigatória a inclusão, no orçamento das entidades de direito público, de verba necessária ao pagamento de seus débitos oriundos de sentenças transitadas em julgado, constantes de precatórios judiciários, apresentados até 1º de julho, fazendo-se o pagamento até o final do exercício seguinte, quando terão seus valores atualizados monetariamente. (Redação dada pela EC 30/2000.)

§ 1º-A. Os débitos de natureza alimentícia compreendem aqueles decorrentes de salários, vencimentos, proventos, pensões e suas complementações, benefícios previdenciários e indenizações por morte ou invalidez, fundadas na responsabilidade civil, em virtude de sentença transitada em julgado. (Incluído pela EC 30/2000.)

§ 2º. As dotações orçamentárias e os créditos abertos serão consignados diretamente ao Poder Judiciário, cabendo ao Presidente do Tribunal que proferir a decisão exeqüenda determinar o pagamento segundo as possibilidades do depósito, e autorizar, a requerimento do credor, e exclusivamente para o caso de preterimento de seu direito de precedência, o seqüestro da quantia necessária à satisfação do débito. (Redação dada pela EC 30/2000.)

§ 3º. *O disposto no caput deste artigo, relativamente à expedição de precatórios, não se aplica aos pagamentos de obrigações definidas em lei como de pequeno valor que a Fazenda Federal, Estadual, Distrital ou Municipal deva fazer em virtude de sentença judicial transitada em julgado.* (Acrescentado pela EC 20/1998 e alterado pela EC 30/2000.)

§ 4º. *São vedados a expedição de precatório complementar ou suplementar de valor pago, bem como fracionamento, repartição ou quebra do valor da execução, a fim de que seu pagamento não se faça, em parte, na forma estabelecida no § 3º deste artigo e, em parte, mediante expedição de precatório.* (Incluído pela EC 37/2002.)

§ 5º. *A lei poderá fixar valores distintos para o fim previsto no § 3º deste artigo, segundo as diferentes capacidades das entidades de direito público.* (Incluído pela EC 30/00 e renumerado pela EC 37/2002.)

§ 6º. *O Presidente do Tribunal competente que, por ato comissivo ou omissivo, retardar ou tentar frustrar a liquidação regular de precatório incorrerá em crime de responsabilidade.* (Incluído pela EC 30/2000 e renumerado pela EC 37/2002.)

11. Do Supremo Tribunal Federal

Art. 101. *O Supremo Tribunal Federal compõe-se de onze Ministros, escolhidos dentre cidadãos com mais de trinta e cinco e menos de sessenta e cinco anos de idade, de notável saber jurídico e reputação ilibada.*

Parágrafo único. Os Ministros do Supremo Tribunal Federal serão nomeados pelo Presidente da República, depois de aprovada a escolha pela maioria absoluta do Senado Federal.

Art. 102. *Compete ao Supremo Tribunal Federal, precipuamente, a guarda da Constituição, cabendo-lhe:*

I – processar e julgar, originariamente:

COMENTÁRIOS AO TEXTO DA EC 45, DE 8.12.2004   63

a) a ação direta de inconstitucionalidade de lei ou ato normativo federal ou estadual e a ação declaratória de constitucionalidade de lei ou ato normativo federal; (Redação dada pela EC 3/1993.)

b) nas infrações penais comuns, o Presidente da República, o Vice-Presidente, os membros do Congresso Nacional, seus próprios Ministros e o Procurador-Geral da República; (...)

Comentários – Admira não haver incluído o julgamento, nos crimes comuns, dos membros do Conselho Nacional de Justiça e do Conselho Nacional do Ministério Público na competência do STF. Mas é de entender-se que, em face da hierarquia desses Conselhos no cenário, enquanto no exercício do cargo no Conselho, seus membros submetam-se à competência do STF, porque o próprio Conselho não pode julgar seus membros, por faltar-lhe competência jurisdicional.

Certo que regra de competência tem que ser expressa; contudo, não se compatibiliza com a elevada função de membro do Conselheiro Nacional que ele seja submetido, em relação aos atos cometidos durante o exercício do cargo, a jurisdição a que a Constituição, em face de seu cargo efetivo, lhes atribui controlar a atuação administrativa e financeira.

Art. 102. *(...)*

c) nas infrações penais comuns e nos crimes de responsabilidade, os Ministros de Estado e os Comandantes da Marinha, do Exército e da Aeronáutica, ressalvado o disposto no art. 52, I, os membros dos Tribunais Superiores, os do Tribunal de Contas da União e os chefes de missão diplomática de caráter permanente; (Redação dada pela EC 23/1999.) (...)

Comentários – A última alteração desse inciso decorreu da extinção dos Ministérios da Marinha, Exército e Aeronáutica e criação do Ministério da Defesa. Entretanto, foi mantido o foro privilegiado dos comandantes das três forças militares.

64 REFORMA DO PODER JUDICIÁRIO

Art. 102. (...)

d) o "habeas corpus", sendo paciente qualquer das pessoas referidas nas alíneas anteriores; o mandado de segurança e o "habeas data" contra atos do Presidente da República, das Mesas da Câmara dos Deputados e do Senado Federal, do Tribunal de Contas da União, do Procurador-Geral da República e do próprio Supremo Tribunal Federal; (...)

e) o litígio entre Estado estrangeiro ou organismo internacional e a União, o Estado, o Distrito Federal ou o Território;

f) as causas e os conflitos entre a União e os Estados, a União e o Distrito Federal, ou entre uns e outros, inclusive as respectivas entidades da administração indireta;

g) a extradição solicitada por Estado estrangeiro;

h) (Revogado pela EC 45/2004.) (...)

Comentários – A alínea "h", revogada, tratava da homologação de sentença estrangeira e concessão do *exequatur* às cartas rogatórias. Aliás, a matéria que constava desta alínea foi apenas transferida para a competência do STJ, art. 105, I, "i".

Art. 102. (...)

i) o "habeas corpus", quando o coator for Tribunal Superior ou quando o coator ou o paciente for autoridade ou funcionário cujos atos estejam sujeitos diretamente à jurisdição do Supremo Tribunal Federal, ou se trate de crime sujeito à mesma jurisdição em uma única instância; (Redação dada pela EC 22/1999.)

j) a revisão criminal e a ação rescisória de seus julgados;

l) a reclamação para a preservação de sua competência e garantia da autoridade de suas decisões;

m) a execução de sentença nas causas de sua competência originária, facultada a delegação de atribuições para a prática de atos processuais;

COMENTÁRIOS AO TEXTO DA EC 45, DE 8.12.2004 65

n) a ação em que todos os membros da magistratura sejam direta ou indiretamente interessados, e aquela em que mais da metade dos membros do tribunal de origem estejam impedidos ou sejam direta ou indiretamente interessados;

o) os conflitos de competência entre o Superior Tribunal de Justiça e quaisquer tribunais, entre Tribunais Superiores, ou entre estes e qualquer outro tribunal;

p) o pedido de medida cautelar das ações diretas de inconstitucionalidade;

q) o mandado de injunção, quando a elaboração da norma regulamentadora for atribuição do Presidente da República, do Congresso Nacional, da Câmara dos Deputados, do Senado Federal, das Mesas de uma dessas Casas Legislativas, do Tribunal de Contas da União, de um dos Tribunais Superiores, ou do próprio Supremo Tribunal Federal;

r) as ações contra o Conselho Nacional de Justiça e contra o Conselho Nacional do Ministério Público. *(Acrescentado pela EC 45/2004.) (...)*

Comentários – Esse acréscimo decorre da criação do Conselho Nacional de Justiça e do Conselho Nacional do Ministério Público. Isto vem demonstrar que todos os atos, mesmo dos referidos Conselhos, estão sujeitos ao controle do Poder Judiciário, competindo ao STF, como órgão de cúpula desse Poder, julgar as ações contra atos dos Conselhos referidos. Contudo, nada impede que, nos limites de sua competência, o Conselho Nacional de Justiça e o Conselho Nacional do Ministério Público exerçam sua censura sobre atos administrativos e controle orçamentário do próprio STF.

Art. 102. (...)

II – julgar, em recurso ordinário:

a) o "habeas-corpus", o mandado de segurança, o "habeas-data" e o mandado de injunção decididos em única instância pelos Tribunais Superiores, se denegatória a decisão;

b) o crime político;

66 REFORMA DO PODER JUDICIÁRIO

III – julgar, mediante recurso extraordinário, as causas decididas em única ou última instância, quando a decisão recorrida:

a) contrariar dispositivo desta Constituição;

b) declarar a inconstitucionalidade de tratado ou lei federal;

c) julgar válida lei ou ato de governo local contestado em face desta Constituição;

d) julgar válida lei local contestada em face de lei federal. (...)

Comentários – Alínea "d", acrescentada pela EC 45/2004, foi "sugada" do art. 105, III, "b", da competência do STJ. Com isso, a competência do STJ nessa matéria cinge-se a julgar válido só o *ato normativo* (e não a *lei*) local contestado em face de lei federal.

Por lei local entenda-se a estadual ou municipal, desde que cotejada com a lei federal. Esse controle faz-se necessário em face das matérias de competência concorrente, suplementar e mesmo sobre o limite do que vem a ser "interesse local".

Na competência concorrente, *a União só emitirá normas gerais*, não excluindo a competência suplementar dos Estados. Inexistindo lei federal sobre normas gerais, os Estados exercerão a competência plena, suspendendo sua eficácia com a superveniência de lei federal, no que lhe for contrário – art. 24, §§ 1º a 4º, CF.

Por sua vez, cf. art. 30, CF, compete aos Municípios legislar sobre assuntos de interesse local; suplementar a legislação federal e a estadual no que couber; instituir tributos de sua competência. Essa atividade legislativa exercida nos entremeios da competência federal e estadual constitui intenso foco de conflitos. E como, por fim, caracteriza-se um conflito entre entes federados, é justo que seja solucionado pelo STF.

Art. 102. (...)

§ 1º. A argüição de descumprimento de preceito fundamental, decorrente desta Constituição, será apreciada pelo Supremo Tribunal Federal, na forma da lei. (Transformado em § 1º pela EC 3/1993)

COMENTÁRIOS AO TEXTO DA EC 45, DE 8.12.2004

*§ 2º. As decisões definitivas de mérito, proferidas pelo Supremo Tribunal Federal, **nas ações diretas de inconstitucionalidade** e nas ações declaratórias de constitucionalidade de lei ou ato normativo federal **ou estadual**, produzirão eficácia contra todos e efeito vinculante, relativamente aos demais órgãos do Poder Judiciário e **à administração pública direta e indireta, nas esferas federal, estadual e municipal.** (incluído pela EC 3/1993 e as partes em negrito acrescentadas pela EC 45/2004.) (...)*

Comentários – A redação originária deste parágrafo referia-se só à eficácia *erga omnes* da decisão do STF em ação declaratória de constitucionalidade e vinculava sua eficácia aos demais órgãos do Poder Judiciário e do Poder Executivo.

Com a nova redação, as decisões do STF nas ações diretas de inconstitucionalidade e nas declaratórias de constitucionalidade produzirão eficácia contra todos e efeito vinculante, relativamente aos demais órgãos do Poder Judiciário e à Administração Pública direta e indireta, nas esferas federal, estadual e municipal. Portanto, ampliou seu raio de eficácia, como, aliás, já era pacífico na doutrina e na jurisprudência.

Art. 102. (...)

*§ 3º. **No recurso extraordinário o recorrente deverá demonstrar a repercussão geral das questões constitucionais discutidas no caso, nos termos da lei, a fim de que o Tribunal examine a admissão do recurso, somente podendo recusá-lo pela manifestação de dois terços de seus membros.***

Comentários – Trata-se de mais um *pressuposto recursal* a ser demonstrado na interposição do Recurso Extraordinário perante o Tribunal *a quo*. Contudo, uma vez admitido pelo juízo de admissibilidade prévio e satisfeitos os demais pressupostos, o STF só poderá recusar o exame da matéria por maioria de dois terços de seus membros. Cuidase de um mecanismo que reúne as figuras da "argüição de relevância" (que teve vigência de 1969 a 1988, sem resultado prático) e a "declaratória de transcendência", enxertada no art. 896-A, da CLT, pela MP 2.226/2001, ainda não regulamentado.[11]

Por *repercussão geral das questões constitucionais discutidas no caso*, entenda-se a demonstração de que o efeito da decisão perseguida transborda o simples interesse individual das partes em litígio, repercutindo na harmonia do próprio sistema jurídico. Rodrigues Pinto observa que essa "repercussão geral" está entregue à discricionariedade da Excelsa Corte, operando o extravagante efeito de transposição de um interesse individual concreto para um interesse social abstrato (ob. cit.).

Na verdade, a função primordial do STF é a guarda da Constituição, e não fazer justiça interpartes. Esta advirá por conseqüência. Logo, no controle difuso de constitucionalidade, a finalidade do Recurso Extraordinário é submeter ao STF o cotejo da decisão vergastada com o programa normativo e o campo normativo da Constituição, a fim de que sejam preservados o texto e os valores desta.

Essas questões constitucionais de repercussão geral serão previstas em lei, no sentido estrito, portanto não serão objeto de Regimento Interno ou norma de outra natureza. Trata-se de norma constitucional de eficácia social contida, posto depender de regulamentação.

A análise da repercussão geral da matéria levada ao STF é conhecida como *juízo de delibação*, sendo muito comum nos países que adotam o sistema de Cortes Constitucionais, e visa a filtrar racionalmente os processos. No Brasil, há um pequeno ensaio deste modelo, embora ainda dependente de regulamentação, no art. 896-A da CLT, a propósito do Recurso de Revista para o Tribunal Superior do Trabalho: "Art. 896-A. O Tribunal Superior do Trabalho, no recurso de revista, examinará previamente se a causa oferece transcendência com relação aos reflexos gerais de natureza econômica, política, social ou jurídica".

Certo que, a rigor, o art. 896-A padece de inconstitucionalidade formal e material, pois editado por Medida Provisória, que carecia do requisito *urgência* e não podia dispor sobre processo civil (aí compreendido o do trabalho). Por fim, entende M. A. Teixeira Filho (ob. cit.) que o artigo sob comento confere essa prerrogativa só ao STF, revogando, por incompatível, o preceito celetista. Discordamos do acatado

---

11. José Augusto Rodrigues Pinto, "O pressuposto da repercussão geral no recurso extraordinário", *Revista LTr de Legislação do Trabalho*, São Paulo, LTr, vol. 69, n. 1, jan./2005, pp. 46-47.

COMENTÁRIOS AO TEXTO DA EC 45, DE 8.12.2004

autor, visto que, conquanto haja semelhança dos institutos, na verdade são diferentes.

Art. 103. *Podem propor a ação direta de inconstitucionalidade e a **ação declaratória de constitucionalidade**:*

Comentários – Este *caput* tratava da legitimidade para propor só a ação direta de inconstitucionalidade. Foi corrigido para abranger também a legitimidade para a declaratória de constitucionalidade, que estava prevista no § 4º, agora suprimido pela EC 45/2004.

Art. 103. *(...)*

I – o Presidente da República;

II – a Mesa do Senado Federal;

III – a Mesa da Câmara dos Deputados;

*IV – a Mesa de Assembléia Legislativa **ou da Câmara Legislativa do Distrito Federal**;*

*V – o Governador de Estado **ou do Distrito Federal**;*

(...)

Comentários – As alterações, assinaladas em negrito, desses dois incisos destinaram-se simplesmente a corrigir a omissão do nome do Distrito Federal como um ente federado equiparado aos Estados.

Art. 103. *(...)*

VI – o Procurador-Geral da República;

VII – o Conselho Federal da Ordem dos Advogados do Brasil;

VIII – partido político com representação no Congresso Nacional;

IX – confederação sindical ou entidade de classe de âmbito nacional.

§ 1º. O Procurador-Geral da República deverá ser previamente ouvido nas ações de inconstitucionalidade e em

70 REFORMA DO PODER JUDICIÁRIO

todos os processos de competência do Supremo Tribunal Federal.

§ 2º. Declarada a inconstitucionalidade por omissão de medida para tornar efetiva norma constitucional, será dada ciência ao Poder competente para a adoção das providências necessárias e, em se tratando de órgão administrativo, para fazê-lo em trinta dias.

§ 3º. Quando o Supremo Tribunal Federal apreciar a inconstitucionalidade, em tese, de norma legal ou ato normativo, citará, previamente, o Advogado-Geral da União, que defenderá o ato ou texto impugnado.

§ 4º. (Revogado pela EC 45/2004.)

Comentários – O conteúdo deste § 4º foi albergado pelo *caput* do art. 103. Havia sido incluído pela EC 3/1993, que instituiu a ação declaratória de constitucionalidade.

12. Súmula vinculante

Art. 103-A. O Supremo Tribunal Federal poderá, de ofício ou por provocação, mediante decisão de dois terços dos seus membros, após reiteradas decisões sobre matéria constitucional, aprovar súmula que, a partir de sua publicação na imprensa oficial, terá efeito vinculante em relação aos demais órgãos do Poder Judiciário e à administração pública direta e indireta, nas esferas federal, estadual e municipal, bem como proceder à sua revisão ou cancelamento, na forma estabelecida em lei. (...)

Comentários – É a chamada "súmula vinculante". Diz-se *vinculante* em virtude de seu caráter obrigatório e diz-se *erga omnes* por abranger a todos, principalmente os demais Tribunais e Juízes e a Administração Pública direta e indireta. A súmula vinculante é uma súmula qualificada, dado que deve ser aprovada pelo *quorum* qualificado de dois terços dos membros do STF.

O Direito brasileiro já conheceu algo semelhante na figura dos Prejulgados do Tribunal Superior do Trabalho, previstos no art. 902,

§ 1º, da CLT, revogado pela Lei 7.033/1982, que possuíam força vinculante no âmbito da Justiça do Trabalho.

A iniciativa para a edição de súmula com efeito vinculante, bem como para converter algumas das atuais súmulas para essa modalidade ainda não está clara. Contudo, é indiscutível que o STF possa fazê-lo, de ofício; assim também deve-se entender que os legitimados para sua revisão e cancelamento, cf. § 2º adiante comentado, também tenham legitimidade para suscitar a questão.

O objetivo dessa vinculação é a prevenção de milhares de ações sobre o mesmo tema, de ampla repercussão social. Mas o maior efeito decorrerá da vinculação da Administração Pública, pois esta é o maior "cliente" da Justiça, com reiterados atos ilegais e uma sofreguidão desenfreada ao recurso. Assim, a partir da edição de súmula com efeito vinculante, a Administração Pública fica obrigada a obedecer-lhe, quer corrigindo seus atos já praticados, quer atuando já de acordo com a súmula.

A sumulação requer o julgamento repetidas vezes da mesma tese jurídica. No entanto, até que a matéria chegue ao STF já terá abarrotado as instâncias ordinárias e especiais. Portanto, quando o STF sumular sobre determinada tese, já vários anos terão se passado e muitas sentenças já terão transitado em julgado.

Esse efeito preventivo imediato só será atingido quando algumas das atuais súmulas ganharem efeito vinculante. Porém não produzirão efeito em relação aos atos administrativos, cujos efeitos já se hajam consumado, e às decisões judiciais transitadas em julgado. Contudo, apanha todos os processos em tramitação – mas só em relação às decisões sob recurso ou ainda recorríveis.

Destarte, as sentenças já proferidas, ainda que não transitadas em julgado, não perdem eficácia imediatamente, cabendo à instância superior conformá-la à súmula vinculante.

Indaga-se: serão passíveis de ação rescisória as decisões em desconformidade com a súmula vinculante contra as quais não comporte a reclamação para preservação de competência do STF? Certamente sim, com base no art. 485, V, do CPC – *violação a literal disposição de lei*. Certo que a súmula não é lei, mas é a interpretação da lei. Porém, a ação fundar-se-á na ofensa à lei, segundo interpretação cristalizada na súmula vinculante.

As atuais súmulas do STF ainda não possuem efeito vinculante. Para tal ainda necessitam de ratificação por dois terços do STF e publicação na imprensa oficial, cf. art. 8º da EC 45/2004, adiante comentado. Acredita-se que o STF não ratifique em bloco todas as atuais súmulas, até porque a maioria delas já é incompatível com normas constitucionais e a legislação que lhes é posterior ou já objeto de lei específica, mas selecionará as que preencham os pressupostos de que trata o § 1º abaixo.

Mas, logo que alguma das atuais súmulas tornar-se vinculante, apanhará os processos em curso, confirmando umas sentenças, tornando vulneráveis outras ainda pendentes de recurso – conseqüentemente, encerrando uma enxurrada de ações judiciais e pondo fim a muitas controvérsias.

A instituição da súmula vinculante enfrentou resistências da OAB e das associações de magistrados, ao argumento de que vai engessar o Direito, ao inibir as novas interpretações dos fatos e das normas.

Na verdade, trata-se de mais uma tentativa ressuscitar a Escola da Exegese, que limitava ao texto o juízo interpretativo dos magistrados.

Com efeito, os juízes interpretam os textos normativos em face dos fatos e as circunstâncias em que se deram. A súmula vinculante equivalerá a uma norma abstrata, a qual será submetida aos mesmos cânones interpretativos das leis. Conseqüentemente, as interpretações das súmulas produzirão normas de concreção variadas.

Ante a divergência jurisprudencial na interpretação das súmulas vinculantes, o STF será provocado, mediante recurso extraordinário, para resolver as divergências. Até que emita nova súmula interpretando a que gerou controvérsia... e também estas voltarão ao círculo interpretativo.

Com isso, a finalidade primordial – de prevenir uma enxurrada de ações sobre o mesmo tema – poderá resultar frustrada em poucos anos.

Art. 103-A. (...)

§ 1º. A súmula terá por objetivo a validade, a interpretação e a eficácia de normas determinadas, acerca das quais haja controvérsia atual entre órgãos judiciários ou entre esses e a administração pública que acarrete grave insegurança jurídica e relevante multiplicação de processos sobre questão idêntica. (...)

COMENTÁRIOS AO TEXTO DA EC 45, DE 8.12.2004   73

Comentários – Este é o limite da súmula vinculante, cujos pressupostos são, cumulativamente:

a) que objetive garantir, mediante a interpretação do STF, a eficácia de *normas determinadas*;

b) que acerca das quais haja *controvérsia atual* entre os órgãos judiciários ou entre estes e a administração pública;

c) que a controvérsia atual acarrete *grave insegurança* jurídica;

d) que a controvérsia provoque *relevante* multiplicação de processos sobre questão idêntica; e

e) que haja *reiteradas* decisões do STF sobre a matéria.

Observa-se que a Constituição emprega nas letras "c" e "d" conceitos abertos ou, como preferem alguns doutrinadores, indeterminados, a suscitarem as mais diversas interpretações; os conceitos empregados nas letras "a" e "b" são razoavelmente fechados, oferecendo menos controvérsia; já a letra "e" não suscita dúvida e será o dado objetivo condutor da matéria. Mesmo assim, o que se entende por *reiteradas*? *Reiterar* significa repetir; o que autoriza inferir que *reiteradas* significa repetidas, ou seja, repetir mais de uma vez. Portanto, como está, interpreta-se que, para ser suscitado o efeito vinculante, o STF haja decidido no mínimo três vezes sobre a matéria.

Entretanto, essa interpretação não pode resvalar em invasão das atribuições do Poder Legislativo. Não se fará súmula vinculante preventiva, porque equivaleria a legislar para o futuro, papel do Poder Legislativo.

Art. 103-A. (...)

§ 2º. Sem prejuízo do que vier a ser estabelecido em lei, a aprovação, revisão ou cancelamento de súmula poderá ser provocada por aqueles que podem propor a ação direta de inconstitucionalidade.

Comentários – Podem propor ação direta de inconstitucionalidade, segundo o art. 103: o Presidente da República, a Mesa do Senado Federal, a Mesa da Câmara dos Deputados, a Mesa de Assembléia Legislativa ou da Câmara Legislativa do Distrito Federal, o Governador de Estado ou do Distrito Federal, o Procurador-Geral da República, o Conselho Federal da Ordem dos Advogados do Brasil, partido

74   REFORMA DO PODER JUDICIÁRIO

político com representação no Congresso Nacional, confederação sindical ou entidade de classe de âmbito nacional.

Sem prejuízo do que vier a ser estabelecido em lei – deve ser entendido que poderá ser ampliado o leque de legitimados para provocar a aprovação, revisão ou cancelamento de súmula vinculante. Esse leque não pode ser restringido, conquanto possam ser exigidos pressupostos e requisitos de ordem formal.

Cumpre ver se o STF vai exigir dos governadores a pertinência temática, e das confederações e entidades de âmbito nacional a pertinência temática e sua representação em, no mínimo, oito Estados, condições que sua jurisprudência já estabeleceu para admissão da ação direta de inconstitucionalidade.

Art. 103-A. (...)

§ 3ª. Do ato administrativo ou decisão judicial que contrariar a súmula aplicável ou que indevidamente a aplicar, caberá reclamação ao Supremo Tribunal Federal que, julgando-a procedente, anulará o ato administrativo ou cassará a decisão judicial reclamada, e determinará que outra seja proferida com ou sem a aplicação da súmula, conforme o caso.

Comentários – Reclamação para preservação de competência é o instrumento jurídico empregado para garantir a um órgão judicial que outro órgão judicial não invada a esfera de sua competência; bem assim, por esse instrumento, a instância superior faz valer suas decisões contra as instâncias inferiores. A novidade aqui é que a reclamação dirigir-se-á contra atos judiciais e *administrativos.*

Julgando procedente a reclamação, o STF limitar-se-á: *a)* em relação a ato administrativo, anular o ato impugnado, sem proferir outro em seu lugar nem determinar que outro seja adotado; *b)* quando se tratar de decisão judicial, a decisão do STF terá dois comandos – um invalidando a decisão reclamada e outro determinando que outra seja proferida, não necessariamente com a aplicação da súmula vinculante.

Aqui se estabelecerá a balbúrdia. As reclamações vão abarrotar o STF. Por uma razão muito simples. O Congresso Nacional está delegando a um único órgão o monopólio da interpretação da lei. Ocorre

COMENTÁRIOS AO TEXTO DA EC 45, DE 8.12.2004 75

que não há *interpretação*, mas, sim, *interpretações*, uma para cada situação concreta, uma para cada rincão dessa imensa Federação – aliás, o que justifica a unidade legal em todo o território nacional, de tantas desigualdades regionais e pessoais, de realidades tão contraditórias.

É o sonho da plenitude do direito pela letra da lei. Com essa medida, repete-se a paranóia da segurança jurídica calcada na infalibilidade da escrita, do tempo em que esta era privilégio dos sacerdotes, e o texto venerado, representando a voz do oráculo. É o ressuscitar do Código de Justiniano, de 530 a.c., do Código de Napoleão e do Código de Frederico da Prússia, este, com 15 mil artigos. Todos eles proibiam e cominavam sérias sanções a quem os interpretassem, mas fracassaram nesse intento. O primeiro suscitou a glosas e pós-glosas, o segundo enfrentou a revolta dos fatos e o terceiro "tanto el Código de Frederico, como su ordenamiento e su prohibición de interpretación judicial se consideran fracasos", diz Merryman.[12]

O argumento é de que essa súmula será selecionada para casos que tais. Entretanto, cumprindo ao STF elaborá-la, quem porá freio a um eventual surto legisferante por essa via? Pois é sabido que todos a quem é conferida alguma forma de poder tendem a abusar dele.

Representa uma tentativa de ressuscitar o método exegético de interpretação da norma jurídica.

13. Conselho Nacional de Justiça (CNJ)

> **Art. 103-B.** *O Conselho Nacional de Justiça compõe-se de quinze membros com mais de trinta e cinco e menos de sessenta e seis anos de idade, com mandato de dois anos, admitida uma recondução, sendo: (...)*

Comentários – É o denominado, impropriamente, de "controle externo do Poder Judiciário". Na verdade, é um controle interno, dado que incluído no inciso I-A do art. 92, como *órgão integrante do Poder Judiciário*.

---

12. John Henry Merryman, *La tradición jurídica romano-canónica*, México, Fondo de Cultura Económica, 1971, p. 74 (traduzido do original "The Civil Law Tradition", in *Introduction to the Legal Systems of Western Europe and Latin America*).

Essa criação é de constitucionalidade duvidosa, em face do que dispõe o art. 2º da Constituição: "São Poderes da União, independentes e harmônicos entre si, o Legislativo, o Executivo e o Judiciário". Por sua vez, o art. 60, § 4º, dispõe que "Não será objeto de deliberação a proposta de emenda tendente a abolir: I – a forma federativa de estado; (...) III – a separação dos Poderes; (...)". Mas para contornar a suspeita de inconstitucionalidade, o Conselho foi incluído no rol dos órgãos que integram o Poder Judiciário.

Foi denominado Conselho *Nacional*, e não *federal*, para poder atuar nos órgãos estaduais de Justiça. Sua intervenção no âmbito dos Estados, a princípio, padece de inconstitucionalidade sob vários aspectos: *a)* do ponto de vista formal, fere a cláusula impeditiva de Emenda Constitucional de que trata o art. 60, § 4º, I, porque tende a abolir a forma federativa de Estado; *b)* sob o aspecto material, agride o princípio federativo, posto invadir o núcleo da esfera de autonomia dos entes federados, cf. arts. 1º, *caput*, e 18.

Em nível federal, a atuação do CNJ goza de legitimidade, haja vista que compõe o Poder Judiciário e a maioria de sua composição é integrante efetiva desse Poder. É um órgão nacional, legitimado para controle de órgão federal.

Porém, em relação ao controle sobre os órgãos do Judiciário estadual, num estado de direito, suscita séria desconfiança de inconstitucionalidade. Até seria de se admitir no caso de uma ruptura institucional, conduzida por qualquer processo, violento ou democrático. Mas não é o caso. A Constituição persiste hirta, não há nenhum processo constituinte em andamento tendo em vista sua substituição. E ao Poder Reformador falece competência para tanto, à mingua de legitimidade.

Com efeito, o princípio federativo adjudica a autonomia dos Estados, cuja organização política se dá sob a forma de três Poderes. O Congresso Nacional, mesmo na função constituinte derivada, não tem competência para impor um órgão de cúpula nacional com poderes de intervenção em um dos Poderes estaduais.

Ora, a vigilância e atuação do CNJ, em caráter permanente, na Justiça estadual implica intervenção no próprio Estado. Trata-se de mais uma modalidade de intervenção no Estado. Com efeito, a intervenção, em qualquer de suas modalidades, só é admissível excepcionalmente, conforme se deduz dos arts. 34 e 35. Como compatibilizar a intromissão do CNJ no Poder Judiciário estadual com a autonomia dos Estados? Certamente intervindo só nos casos extremos.

COMENTÁRIOS AO TEXTO DA EC 45, DE 8.12.2004

Ao modelo nacional, poderiam os Estados emendarem suas Constituições no sentido de instituírem os Conselhos Estaduais de Justiça, com atribuições idênticas às do CNJ, em relação aos tribunais e juízes estaduais.

Como, porém, foram ampliados os poderes do STF e a ele caberá pronunciar a inconstitucionalidade, total ou parcial, do CNJ, dificilmente o fará, posto que a história registra que ninguém depõe do poder que amealha. Só resta indagar como o STF seguraria uma eventual avalanche de atos de rebeldia porventura provinda dos Estados, até mesmo na defesa da Constituição e do Estado de Direito.

O Brasil já experimentou algo semelhante, quando o Presidente Geisel aplicou o Ato Institucional n. 5 e fechou o Congresso Nacional por dez dias, em cujo período aprovou Emenda Constitucional instituindo o Conselho Nacional da Magistratura, composto de sete Ministros do STF. As atribuições constam dos arts. 3º e 4º da Lei Complementar 35/1979. Mas foi preciso uma ruptura institucional. Entretanto, em face da ilegitimidade do órgão, nunca funcionou e morreu por inanição.

Contudo, abstraindo esses dados, a sociedade estava a reclamar a presença do CNJ, para coibir os eventuais abusos de magistrados e em face da histórica leniência e do corporativismo dos órgãos disciplinares do Judiciário. Até porque, a finalidade do Conselho é fazer funcionar o Poder Judiciário, coibindo os abusos, a preguiça, a complacência, a ineficiência pontuais, porventura verificados nos órgãos judicantes – os quais não poderão rebelar-se, ante a fraqueza de haver deposto de dever.

Aliás, inconstitucional mesmo é negar a prestação jurisdicional ao cidadão. E o atuar prudente e pontual do CNJ para fazer valer a Constituição legitima o órgão e espanca qualquer suspeita de inconstitucionalidade.

Art. 103-B. (...)

I – um Ministro do Supremo Tribunal Federal, indicado pelo respectivo tribunal;

II – um Ministro do Superior Tribunal de Justiça, indicado pelo respectivo tribunal;

III – um Ministro do Tribunal Superior do Trabalho, indicado pelo respectivo tribunal;

IV – um desembargador de Tribunal de Justiça, indicado pelo Supremo Tribunal Federal;

V – um juiz estadual, indicado pelo Supremo Tribunal Federal;

VI – um juiz de Tribunal Regional Federal, indicado pelo Superior Tribunal de Justiça;

VII – um juiz federal, indicado pelo Superior Tribunal de Justiça;

VIII – um juiz de Tribunal Regional do Trabalho, indicado pelo Tribunal Superior do Trabalho;

IX – um juiz do trabalho, indicado pelo Tribunal Superior do Trabalho;

X – um membro do Ministério Público da União, indicado pelo Procurador-Geral da República;

XI – um membro do Ministério Público estadual, escolhido pelo Procurador-Geral da República dentre os nomes indicados pelo órgão competente de cada instituição estadual;

XII – dois advogados, indicados pelo Conselho Federal da Ordem dos Advogados do Brasil;

XIII – dois cidadãos, de notável saber jurídico e reputação ilibada, indicados um pela Câmara dos Deputados e outro pelo Senado Federal. (...)

Comentários – Este Conselho é de cúpula, predominando, de certa forma, a influência do Poder Executivo em sua composição, representando mais uma interferência deste no Judiciário. Pelo que se tem verificado na prática, a sociedade estava a exigir, com razão, um órgão de controle, a quem pudesse recorrer contra eventuais incúrias e abusos de juízes e de procuradores. Porém, o ideal é que fosse assegurada à sociedade ampla participação nesse órgão de controle, quer integrando-o, quer no processo de escolha de seus membros. No entanto, como foi concebido, a sociedade foi alijada.

São nove membros do Judiciário e seis de fora. Do Judiciário, os nove membros são indicados pelos três tribunais de cúpula, cujos membros são escolhidos pelo Presidente da República, sem nenhuma parti-

COMENTÁRIOS AO TEXTO DA EC 45, DE 8.12.2004

cipação da sociedade: o STF indica três, sendo um do STF, um desembargador de Tribunal de Justiça e um juiz estadual; o STJ três, sendo um do próprio STJ, um juiz de TRF e um juiz federal; e o TST também três – um do próprio TST, um juiz de TRT e um juiz do trabalho.

O Procurador-Geral da República indica os dois membros do Ministério Público, sendo um do Ministério Público da União e outro do Ministério Público estadual. E como se sabe, o Procurador-Geral da República é indicado livremente pelo Presidente da República, sem qualquer forma de participação da sociedade.

A OAB, através de seu Conselho Federal, indica dois advogados. Também é escolha de cúpula, sem imposição de um processo de escolha direta nem pelos advogados do Brasil, menos ainda de eleição pela sociedade.

Critica-se essa participação da OAB. Por que a OAB e não a CNBB, a ANDES, a CUT, a CONTAG, a ANI, as Confederações de patrões e de trabalhadores, a Associação Médica Brasileira, as Associações Estudantis?

O Congresso Nacional indica dois membros, um pela Câmara dos Deputados e outro pelo Senado Federal. Também sem nenhum critério objetivo que indique representatividade popular.

Contudo, na regulamentação dos incisos IV a XII, quer pelo Regimento Interno ou por lei, a indicação dos juízes poderá ser democratizada, mediante eleições diretas dentro dos seus respectivos órgãos de classe; da mesma forma, os membros indicados pelo Ministério Público e pela OAB.

Art. 103-B. (...)

§ 1º. O Conselho será presidido pelo Ministro do Supremo Tribunal Federal, que votará em caso de empate, ficando excluído da distribuição de processos naquele tribunal.

§ 2º. Os membros do Conselho serão nomeados pelo Presidente da República, depois de aprovada a escolha pela maioria absoluta do Senado Federal.

§ 3º. Não efetuadas, no prazo legal, as indicações previstas neste artigo, caberá a escolha ao Supremo Tribunal Federal.

REFORMA DO PODER JUDICIÁRIO

> **§ 4º. Compete ao Conselho o controle da atuação administrativa e financeira do Poder Judiciário e do cumprimento dos deveres funcionais dos juízes, cabendo-lhe, além de outras atribuições que lhe forem conferidas pelo Estatuto da Magistratura: (...)**

Comentários – Presidirá o órgão o Ministro do STF que o integra e a Corregedoria caberá ao Ministro indicado pelo STJ. A cúpula da cúpula, que o compõe, portanto, o dirigirá.

A função precípua do CNJ é exercer o controle da atuação administrativa e financeira do Poder Judiciário e do cumprimento dos deveres funcionais dos juízes. Assim sendo, possui atribuições de tribunal de contas e de corregedoria. Porém não possui poderes jurisdicionais.

Sua atuação correrá paralela à de dois outros órgãos – os tribunais de contas e as corregedorias. No âmbito federal já é duvidosa a constitucionalidade do controle administrativo e financeiro, em face do princípio da autonomia dos tribunais, insculpida no art. 96, no qual não foi inserida nenhuma exceção.

Nos Estados, porém, como fazê-lo sem afrontar o princípio federativo? Ora, as contas dos órgãos estaduais são da alçada das Assembléias Legislativas, dos Tribunais de Contas estaduais e de outros órgãos dos Estados.

Os órgãos federais de controle só se imiscuem nos Estados onde e no ponto em que, porventura, ingresse verba federal. A intervenção administrativa do CNJ no Judiciário estadual implicará mais do que a intromissão no Judiciário estadual, mas a invasão na autonomia do próprio Estado. Logo, com absoluta certeza, o CNJ não terá competência para exercer o controle administrativo e financeiro da Justiça estadual.

Quanto ao conflito com as corregedorias dos Tribunais federais e dos estaduais, como suplantá-las, dado que a Constituição atribui a competência aos tribunais para instituí-las e conferir-lhes as respectivas atribuições (art. 96, I, "a")?

Contudo, como a criação do CNJ nasceu de uma necessidade, de uma exigência social, sua legitimação virá pela atuação moderada, mas sem leniência, e, nos Estados, pinçando para si só os casos mais dramáticos, em que amealhará, pela sua atuação, legitimação popular.

Quanto à competência para o controle do *cumprimento dos deveres funcionais dos juízes*, nenhuma dificuldade, posto que se tem cons-

COMENTÁRIOS AO TEXTO DA EC 45, DE 8.12.2004   81

tatado que os órgãos correicionais têm sido ineficientes nesse papel. Até porque isso é mais acentuado no âmbito estadual, em que se estabelece uma teia de protecionismos em virtude de vários fatores: parentescos, amizade, política, muitas vezes por falta de autoridade moral de quem exerce as funções disciplinares etc.

Ainda assim, no tocante ao poder correicional, resta duvidosa a constitucionalidade da atuação do CNJ para interferir nos órgãos estaduais.

Os deveres funcionais dos juízes constam do art. 93 retrocomentado, de regras disseminadas nas leis processuais e, principalmente dos arts. 37 a 39 da Lei Complementar 35/1979, *verbis*:

> Art. 35. São deveres do magistrado:
>
> I – Cumprir e fazer cumprir, com independência, serenidade e exatidão, as disposições legais e os atos de ofício;
>
> II – não exceder injustificadamente os prazos para sentenciar ou despachar;
>
> III – determinar as providências necessárias para que os atos processuais se realizem nos prazos legais;
>
> IV – tratar com urbanidade as partes, os membros do Ministério Público, os advogados, as testemunhas, os funcionários e auxiliares da Justiça, e atender aos que o procurarem, a qualquer momento, quanto se trate de providência que reclame e possibilite solução de urgência.
>
> V – residir na sede da Comarca salvo autorização do órgão disciplinar a que estiver subordinado;
>
> VI – comparecer pontualmente à hora de iniciar-se o expediente ou a sessão, e não se ausentar injustificadamente antes de seu término;
>
> VII – exercer assídua fiscalização sobre os subordinados, especialmente no que se refere à cobrança de custas e emolumentos, embora não haja reclamação das partes;
>
> VIII – manter conduta irrepreensível na vida pública e particular.
>
> Art. 36. É vedado ao magistrado:
>
> I – exercer o comércio ou participar de sociedade comercial, inclusive de economia mista, exceto como acionista ou quotista;
>
> II – exercer cargo de direção ou técnico de sociedade civil, associação ou fundação, de qualquer natureza ou finalidade, salvo de associação de classe, e sem remuneração;
>
> III – manifestar, por qualquer meio de comunicação, opinião sobre processo pendente de julgamento, seu ou de outrem, ou juízo depreciativo sobre despachos, votos ou sentenças, de órgãos judiciais,

82 REFORMA DO PODER JUDICIÁRIO

ressalvada a crítica nos autos e em obras técnicas ou no exercício do magistério.

Parágrafo único. (*Vetado.*)

Art. 37. Os Tribunais farão publicar, mensalmente, no órgão oficial, dados estatísticos sobre seus trabalhos no mês anterior, entre os quais: o número de votos que cada um de seus membros, nominalmente indicado, proferiu como relator e revisor; o número de feitos que lhe foram distribuídos no mesmo período; o número de processos que recebeu em conseqüência de pedido de vista ou como revisor; a relação dos feitos que lhe foram conclusos para voto, despacho, lavratura de acórdão, ainda não devolvidos, embora decorridos os prazos legais, com as datas das respectivas conclusões.

Parágrafo único. Compete ao Presidente do Tribunal velar pela regularidade e pela exatidão das publicações.

Art. 38. Sempre que, encerrada a sessão, restarem em pauta ou em mesa mais de vinte feitos sem julgamento, o Presidente fará realizar uma ou mais sessões extraordinárias, destinadas ao julgamento daqueles processos.

Art. 39. Os juízes remeterão, até o dia dez de cada mês, ao órgão corregedor competente de segunda instância, informação a respeito dos feitos em seu poder, cujos prazos para despacho ou decisão hajam sido excedidos, bem como indicação do número de sentenças proferidas no mês anterior.

Art. 103-B. (...)

I – zelar pela autonomia do Poder Judiciário e pelo cumprimento do Estatuto da Magistratura, podendo expedir atos regulamentares, no âmbito de sua competência, ou recomendar providências; (...)

Comentários – Funcionar como órgão de garantia da autonomia do Poder Judiciário significa atuar de dentro para fora do Judiciário, defendendo-o contra eventuais investidas dos outros Poderes e da Sociedade. A autonomia diz respeito aos aspectos orçamentários, financeiros e administrativos.

Porém, ante a falta de competência do Conselho para ditar decisões contra órgãos exteriores ao Judiciário, ainda não se sabe como o CNJ vai impor suas determinações em defesa de algum órgão do Judiciário contra investidas de órgãos de outros Poderes, mormente no

COMENTÁRIOS AO TEXTO DA EC 45, DE 8.12.2004   83

âmbito dos Estados. Se for para socorrer-se do STF para o caso, porém, não haveria necessidade do Conselho, dado já haver os mecanismos para tanto. Contudo, sua composição plural funcionará como ponte de comunicação entre os Poderes, facilitando o exercício da defesa do Judiciário.

Art. 103-B. (...)

II – zelar pela observância do art. 37 e apreciar, de ofício ou mediante provocação, a legalidade dos atos administrativos praticados por membros ou órgãos do Poder Judiciário, podendo desconstituí-los, revê-los ou fixar prazo para que se adotem as providências necessárias ao exato cumprimento da lei, sem prejuízo da competência do Tribunal de Contas da União; (...)

Comentários – É o controle do teto de remuneração no serviço público. O art. 37 trata do teto salarial, ou seja, que nenhum servidor público de qualquer dos Poderes ou hierarquia poderá perceber subsídio superior ao de Ministro do STF. E os desembargadores dos Estados não poderão perceber mais do que 95% do subsídio de Ministro do STJ, e estes, por sua vez, não perceberão mais do que 95% do subsídio de Ministro do STF. O subsídio dos desembargadores estaduais constitui o teto para os subsídios dos membros do Ministério Público e da Defensoria Pública dos Estados e dos servidores do Judiciário estadual.

Quanto ao controle dos atos administrativos do Judiciário federal, também não há maior dificuldade, por se tratar de um órgão federal (embora se diga *nacional*) de cúpula atuando sobre outro. Porém, em relação aos Estados, não vemos como possa fazê-lo, em face do princípio federativo. O controle financeiro, do CNJ não alcança o Judiciário estadual, conforme está posto no texto sob comento, como se deduz da frase, "sem prejuízo da competência do Tribunal de Contas da União". Como o TCU só inspeciona contas federais, fica claro que o controle financeiro do CNJ limita-se aos órgãos federais.

E o controle dos atos administrativos será feito sobre os órgãos do Judiciário federal, o que já é questionável, em face da autonomia dos Tribunais – cf. art. 96. Em relação ao controle administrativo dos Tribunais de Justiça dos Estados, falta amparo constitucional, por ferir a

84 REFORMA DO PODER JUDICIÁRIO

cláusula pétrea do princípio federativo. Contudo, vejamos como o Conselho resolverá essa antinomia.

Art. 103-B. (...)

III – receber e conhecer das reclamações contra membros ou órgãos do Poder Judiciário, inclusive contra seus serviços auxiliares, serventias e órgãos prestadores de serviços notariais e de registro que atuem por delegação do poder público ou oficializados, sem prejuízo da competência disciplinar e correicional dos tribunais, podendo avocar processos disciplinares em curso e determinar a remoção, a disponibilidade ou a aposentadoria com subsídios ou proventos proporcionais ao tempo de serviço e aplicar outras sanções administrativas, assegurada ampla defesa; (...)

Comentários – Essa atuação correicional e disciplinar do CNJ, superadas as questões constitucionais em relação ao Judiciário Federal, será salutar. Contudo, para harmonizar-se com o princípio da autonomia dos tribunais, sua atuação primordial deve cingir-se a determinar providência aos órgãos competentes e só agir diretamente *subsidiariamente*, em caso de não cumprimento da determinação ou de ineficácia da providência adotada. Quanto à avocação de processos disciplinares em curso, do mesmo modo, legitimar-se-á a atuação do CNJ em relação aos casos mais relevantes e cujos processos se arrastem sem solução ou caminhem para soluções paliativas.

No âmbito estadual, a atuação do CNJ deve ser subsidiária, a mais discreta e excepcional possível, para não ferir o princípio federativo, legitimando, dessa forma, sua atuação.

Como já se disse, a autonomia dos Estados, cf. art. 18 da CF, se materializa pela competência para elaborar sua Constituição e esta deve observar os princípios da Constituição Federal, dentre os quais o princípio republicano, o federativo e o da separação dos Poderes.

O Poder do Estado divide-se nas funções Legislativa, Executiva e Judiciária. Logo, a intervenção do CNJ em qualquer um deles só será possível nas hipóteses e forma dos arts. 34 e 36 da CF, ou seja, em caráter excepcionalíssimo, mas jamais em caráter ordinário.

Nessa linha, de raciocínio, constatada a falta disciplinar de membros do Poder Judiciário estadual ou de qualquer dos seus serviços au-

COMENTÁRIOS AO TEXTO DA EC 45, DE 8.12.2004   85

xiliares, o CNJ primeiramente solicitará a providência ao órgão estadual competente, assinando-lhe prazo. Caso não cumprida a solicitação, legitimar-se-á a atuação do Conselho, sob o argumento da necessidade de fazer funcionar um dos Poderes do Estado, no caso, a correta e expedita prestação jurisdicional a que o cidadão tem direito.

Art. 103-B. *(...)*

IV – representar ao Ministério Público, no caso de crime contra a administração pública ou de abuso de autoridade; (...)

Comentários – O correto seria dizer *indício de crime*, e não *crime*, pois este só se concretizará mediante a sentença judicial condenatória. Essa constatação será feita a partir dos processos que o CNJ examinar, e vem deixar claro que o CNJ não tem competência para aplicar sanções de natureza penal. Tal preceito é ocioso, pois já constitui dever geral de toda autoridade pública representar ao Ministério Público em todo e qualquer indício de crime que constatar.

Verificando indício de crime contra a Administração Pública (arts. 312 a 327 e 61, "f", do Código Penal; Lei. 8.429/1992, improbidade administrativa, e outras), o CNJ representará ao Ministério Público competente, que, por sua vez, analisará se será o caso de propor a ação penal cabível junto ao juízo competente.

Art. 103-B. *(...)*

V – rever, de ofício ou mediante provocação, os processos disciplinares de juízes e membros de tribunais julgados há menos de um ano; (...)

Comentários – Esse preceito diz respeito a processos encerrados já a partir da constituição e funcionamento do Conselho Nacional de Justiça, pois em relação aos processos julgados antes de sua constituição só será possível a título de recurso administrativo, se ainda no prazo – no caso, dez dias, cf. art. 59 da Lei 9.784/1999.

Parece-nos que a avocação de processos já findos antes da constituição do CNJ não se compatibiliza com o Estado Democrático de Direito. Afinal, trata-se de processo já julgado e encerrado no âmbito da competência constitucional. Certo que a Administração pode rever seus atos, para anulá-los por ilegalidade, ou revogá-los por conveniência ou oportunidade. Mas isso é da competência interna do próprio órgão prolator da decisão revisanda, ou por seu órgão de cúpula, cf. 53 da Lei 9.784/1999.

Por sua vez, analogicamente pensando, o art. 174 da Lei 8.112 abre a possibilidade de revisão de processo disciplinar a qualquer tempo, mas para inocentar o servidor, se fatos novos ou novas circunstâncias o justificarem.

Art. 103-B. *(...)*

VI – elaborar semestralmente relatório estatístico sobre processos e sentenças prolatadas, por unidade da Federação, nos diferentes órgãos do Poder Judiciário; (...)

Comentários – Esse é o controle mediante o acompanhamento dos mapas estatísticos, que serão fornecidos pelas Corregedorias. O problema inicial diz respeito à fidelidade e completude dos mapas estatísticos fornecidos, pois, como dizia Russel, há as grandes mentiras e as estatísticas.

Art. 103-B. *(...)*

VII – elaborar relatório anual, propondo as providências que julgar necessárias, sobre a situação do Poder Judiciário no País e as atividades do Conselho, o qual deve integrar mensagem do Presidente do Supremo Tribunal Federal a ser remetida ao Congresso Nacional, por ocasião da abertura da sessão legislativa. (...)

Comentários – Esse será o grande papel do Conselho: acompanhar o evolver da atuação do Poder Judiciário, mapeando os gargalos e levando-os ao conhecimento do Congresso Nacional, solicitando, por conseqüência, as providências necessárias, no tocante à elaboração de leis e destinação de aporte orçamentário e financeiro. Idêntica providência será solicitada aos Executivos e Legislativos estaduais.

COMENTÁRIOS AO TEXTO DA EC 45, DE 8.12.2004

Art. 103-B. (...)

§ 5º. *O Ministro do Superior Tribunal de Justiça exercerá a função de Ministro-Corregedor e ficará excluído da distribuição de processos no Tribunal, competindo-lhe, além das atribuições que lhe forem conferidas pelo Estatuto da Magistratura, as seguintes: (...)*

Comentários – O CNJ será presidido pelo Ministro do STF que o integra, cabendo ao Ministro do STJ que o compõe a função de Corregedor. Não deveria haver hierarquia interna no Conselho – em conseqüência, as funções diretivas deveriam ser conferidas por eleição dentre seus membros. Entretanto, em não havendo eleição, como foi posto, está de acordo com a lógica: que o Ministro indicado pela Corte Constitucional o presida e o Ministro indicado pela Corte da Federação seja o Corregedor.

Art. 103-B. (...)

I – receber as reclamações e denúncias, de qualquer interessado, relativas aos magistrados e aos serviços judiciários;

II – exercer funções executivas do Conselho, de inspeção e de correição geral;

III – requisitar e designar magistrados, delegando-lhes atribuições, e requisitar servidores de juízos ou tribunais, inclusive nos Estados, Distrito Federal e Territórios. (...)

Comentários – Esses são os procedimentos inerentes ao exercício do poder correicional do CNJ, já comentado acima, exercido por intermédio do Corregedor.

Art. 103-B. (...)

§ 6º. Junto ao Conselho oficiarão o Procurador-Geral da República e o Presidente do Conselho Federal da Ordem dos Advogados do Brasil. (...)

Comentários – O Procurador-Geral da República atuará em nome do Ministério Público, como parte e como fiscal da lei, ou seja, requerendo e dando pareceres nos processos junto ao Conselho. Já o Presidente do Conselho Federal da OAB, que não integra o CNJ nem constitui órgão do Poder Público, embora a Advocacia integre as funções essenciais à Justiça, não tem como oficiar, senão como requerente em nome dos advogados ou representando deliberações dos colegiados da OAB. Na verdade, todos os advogados têm a prerrogativa de funcionar junto ao CNJ defendendo interesse dos constituintes. Contudo, aguardemos a regulamentação da matéria.

Art. 103-B. (...)

§ 7º. A União, inclusive no Distrito Federal e nos Territórios, criará ouvidorias de justiça, competentes para receber reclamações e denúncias de qualquer interessado contra membros ou órgãos do Poder Judiciário, ou contra seus serviços auxiliares, representando diretamente ao Conselho Nacional de Justiça.

Comentários – Esse ônus é do Poder Executivo. Onde a União criará ouvidorias? Certamente nos seus domínios administrativos: a Capital Federal e os Territórios, conquanto nada impeça que as dissemine por todos os Estados, o que parece-nos despiciendas e perdulárias, posto caber aos Estados fazê-lo.

Pelo teor do texto, as ouvidorias devem ser criadas por lei, cuja iniciativa deve ser do Poder Executivo ou do Poder Legislativo. Do Judiciário não será, visto tratar-se de um órgão exterior ao seu domínio. Trata-se de um órgão sem poder decisório nem disciplinar, mas apenas com a função catalizadora e centralizadora de denúncias contra o funcionamento dos órgãos da Justiça para encaminhá-las ao Conselho Nacional de Justiça. As ouvidorias receberão reclamações e denúncias contra todos os ramos da Justiça, federais e estaduais.

14. Do Superior Tribunal de Justiça (STJ)

Art. 104. O Superior Tribunal de Justiça compõe-se de, no mínimo, trinta e três ministros.

Parágrafo único. Os Ministros do Superior Tribunal de Justiça serão nomeados pelo Presidente da República, den-

COMENTÁRIOS AO TEXTO DA EC 45, DE 8.12.2004

*tre brasileiros com mais de trinta e cinco e menos de sessenta e cinco anos, de notável saber jurídico e reputação ilibada, depois de aprovada a escolha **pela maioria absoluta** do Senado Federal, sendo: (...)*

Comentários – A alteração cingiu-se à expressão em negrito, para definir que a aprovação pelo Senado dar-se-á *pela maioria absoluta*, a exemplo do que é adotado na escolha dos membros do STF.

Art. 104. *(...)*

I – um terço dentre juízes dos Tribunais Regionais Federais e um terço dentre desembargadores dos Tribunais de Justiça, indicados em lista tríplice elaborada pelo próprio Tribunal;

II – um terço, em partes iguais, dentre advogados e membros do Ministério Público Federal, Estadual, do Distrito Federal e Territórios, alternadamente, indicados na forma do art. 94.

Art. 105. *Compete ao Superior Tribunal de Justiça:*

I – processar e julgar, originariamente:

a) nos crimes comuns, os Governadores dos Estados e do Distrito Federal, e, nestes e nos de responsabilidade, os desembargadores dos Tribunais de Justiça dos Estados e do Distrito Federal, os membros dos Tribunais de Contas dos Estados e do Distrito Federal, os dos Tribunais Regionais Federais, dos Tribunais Regionais Eleitorais e do Trabalho, os membros dos Conselhos ou Tribunais de Contas dos Municípios e os do Ministério Público da União que oficiem perante tribunais;

b) os mandados de segurança e os "habeas data" contra ato de Ministro de Estado, dos Comandantes da Marinha, do Exército e da Aeronáutica ou do próprio Tribunal; (Redação dada pela EC 23/1999.)

c) os "habeas corpus", quando o coator ou paciente for qualquer das pessoas mencionadas na alínea "a", ou quan-

90 REFORMA DO PODER JUDICIÁRIO

do o coator for tribunal sujeito à sua jurisdição, Ministro de Estado ou Comandante da Marinha, do Exército ou da Aeronáutica, ressalvada a competência da Justiça Eleitoral; (Redação dada pela EC 23/1999.) (...)

Comentários – As alterações nas duas alíneas *supra*, efetivadas pela EC 23/1999, deram-se em virtude da criação do Ministério da Defesa e a conseqüente perda do *status* de Ministro dos titulares dos antigos ministérios militares. Contudo, para os fins dessas alíneas, os Comandantes Militares foram equiparados a Ministros de Estado.

Art. 105. *(...)*

d) os conflitos de competência entre quaisquer tribunais, ressalvado o disposto no art. 102, I, o, bem como entre tribunal e juízes a ele não vinculados e entre juízes vinculados a tribunais diversos;

e) as revisões criminais e as ações rescisórias de seus julgados;

f) a reclamação para a preservação de sua competência e garantia da autoridade de suas decisões;

g) os conflitos de atribuições entre autoridades administrativas e judiciárias da União, ou entre autoridades judiciárias de um Estado e administrativas de outro ou do Distrito Federal, ou entre as deste e da União;

h) o mandado de injunção, quando a elaboração da norma regulamentadora for atribuição de órgão, entidade ou autoridade federal, da administração direta ou indireta, excetuados os casos de competência do Supremo Tribunal Federal e dos órgãos da Justiça Militar, da Justiça Eleitoral, da Justiça do Trabalho e da Justiça Federal;

*i) **a homologação de sentenças estrangeiras e a concessão de "exequatur" às cartas rogatórias;** (...)*

Comentários – Este inciso "i" foi acrescentado pela EC 45/2004. Na verdade, foi transposto do art. 102, I, "h", para este 105, I, "i," passando para o STJ a competência que era do STF. Com efeito, é mais

COMENTÁRIOS AO TEXTO DA EC 45, DE 8.12.2004

lógico que se confira ao STJ, que é o Tribunal da Federação, essa competência, preservando o STF, como Corte Constitucional, para os questionamentos que porventura surjam das decisões do STJ nessa matéria.

Art. 105. (...)

II – julgar, em recurso ordinário:

a) os "habeas corpus" decididos em única ou última instância pelos Tribunais Regionais Federais ou pelos tribunais dos Estados, do Distrito Federal e Territórios, quando a decisão for denegatória;

b) os mandados de segurança decididos em única instância pelos Tribunais Regionais Federais ou pelos tribunais dos Estados, do Distrito Federal e Territórios, quando denegatória a decisão;

c) as causas em que forem partes Estado estrangeiro ou organismo internacional, de um lado, e, do outro, Município ou pessoa residente ou domiciliada no País;

III – julgar, em recurso especial, as causas decididas, em única ou última instância, pelos Tribunais Regionais Federais ou pelos tribunais dos Estados, do Distrito Federal e Territórios, quando a decisão recorrida:

a) contrariar tratado ou lei federal, ou negar-lhes vigência;

b) julgar válido ato de governo local contestado em face de lei federal; *(...)*

Comentários – A EC 45 transferiu do STJ para o STF a competência para julgar válida *lei local* contestada em face de lei federal. Restou ao STJ a competência para julgar válido *ato de governo local* contestado em face de lei federal. Aqui, *lei* tem sentido estrito: é a lei oriunda do Poder Legislativo, com todos os seus trâmites constitucionais. Já *ato de governo local* poderá ser de natureza normativa ou não. O importante é que ele emane de governo local – estadual ou municipal –, no exercício de competência que poderá ser questionada, no seu todo ou quanto ao limite, em face de lei federal. (Ver comentário à alínea "d", do inciso III, do art. 102.)

92 REFORMA DO PODER JUDICIÁRIO

Art. 105. (...)

c) der a lei federal interpretação divergente da que lhe haja atribuído outro tribunal.

Parágrafo único. *Funcionarão junto ao Superior Tribunal de Justiça:*

I – a Escola Nacional de Formação e Aperfeiçoamento de Magistrados, cabendo-lhe, dentre outras funções, regulamentar os cursos oficiais para o ingresso e promoção na carreira;

II – o Conselho da Justiça Federal, cabendo-lhe exercer, na forma da lei, a supervisão administrativa e orçamentária da Justiça Federal de primeiro e segundo graus, como órgão central do sistema e com poderes correicionais, cujas decisões terão caráter vinculante.

Comentários – A EC 45 desdobrou este parágrafo em dois incisos, ficando o texto anterior no inciso II. O inciso I foi incluído para albergar a *Escola Nacional de Formação e Aperfeiçoamento de Magistrados.*

A Escola (ENFAM) – Funcionará junto ao STJ, competindo-lhe, dentre outras funções, regulamentar os cursos oficiais para ingresso, aperfeiçoamento e promoção na carreira de juízes federais, estaduais e militares. Decerto, os cursos serão ministrados tanto pela ENFAM como pelas Escolas Judiciais que funcionam junto aos Tribunais de Justiça dos Estados e do Distrito Federal e aos Tribunais Regionais Federais. No entanto, todas as Escolas Judiciais, com exceção das trabalhistas, dependerão de autorização da ENFAM e obedecerão aos requisitos exigidos por esta para funcionamento. Assim, também, os cursos ministrados por instituições conveniadas vincular-se-ão ao programa da ENFAN.

Excluem-se da abrangência da ENFAM a Justiça do Trabalho, em face do disposto no art. 111-A, § 2º, que atribui essa competência ao TST, junto ao qual funcionará a Escola Nacional de Formação e Aperfeiçoamento de Magistrados do Trabalho.

A conseqüência da instituição dessa Escola Nacional é que os cursos ministrados pelas Escolas Judiciais, autorizadas e reconhecidas pela primeira, terão validade em todo o território nacional, independentemente de reconhecimento pelo MEC ou Conselhos Estaduais de Edu-

COMENTÁRIOS AO TEXTO DA EC 45, DE 8.12.2004   93

cação. E, mais, pelo princípio da reciprocidade, os cursos ministrados pelas Escolas Judiciais terão validade perante o sistema do MEC, equivalendo a cursos do sistema deste, desde que haja compatibilidade entre os programas e a carga horária. Contudo, nada impede que o STJ faça convênio com o MEC para que os diplomas dos Cursos com carga horária compatível com os de pós-graduação sejam reconhecidos automaticamente fora do círculo judiciário.

O cuidado deve ser com a qualidade formal das Escolas, as Nacionais e as locais, mediante corpo dirigente e docente com a titulação formal de mestrado e doutorado, para que os cursos tenham credibilidade, até porque a natureza do principal deles – curso de formação e aperfeiçoamento de magistrados – terá *status* de pós-graduação. (Ver comentários ao art. 93, II, *c*, e IV, sobre as escolas de formação e aperfeiçoamento de magistrados.)

O Conselho – Acrescentou-se que o Conselho funcionará como órgão central do sistema e possuirá poderes correicionais, cujas decisões terão caráter vinculante. De fato, a Justiça Federal de segundo grau não se submetia a um órgão superior com poderes correicionais. Com essa medida, o STJ, por meio do Conselho, assumirá essa função, podendo emitir provimentos correicionais, determinações e recomendações de caráter vinculante para a primeira e segunda instâncias da Justiça Federal.

Em virtude do poder correicional conferido também ao Conselho Nacional de Justiça, é de entender-se que este atuará de duas maneiras: *a)* emitindo comandos gerais para os Tribunais e Conselho da Justiça Federal; e *b)* subsidiariamente, atuando diretamente sobre os fatos a respeito dos quais a ação das Corregedorias dos Tribunais e do Conselho da Justiça Federal não haja sido satisfatória.

15. Dos Tribunais Regionais Federais e dos Juízes Federais

Art. 106. São órgãos da Justiça Federal:

I – os Tribunais Regionais Federais;

II – os Juízes Federais.

Art. 107. Os Tribunais Regionais Federais compõem-se de, no mínimo, sete juízes, recrutados, quando possível, na respectiva região e nomeados pelo Presidente da República dentre brasileiros com mais de trinta e menos de sessenta e cinco anos, sendo:

I – um quinto dentre advogados com mais de dez anos de efetiva atividade profissional e membros do Ministério Público Federal com mais de dez anos de carreira;

II – os demais, mediante promoção de juízes federais com mais de cinco anos de exercício, por antigüidade e merecimento, alternadamente.

§ 1º. A lei disciplinará a remoção ou a permuta de juízes dos Tribunais Regionais Federais e determinará sua jurisdição e sede. (Antigo parágrafo único.)

§ 2º. Os Tribunais Regionais Federais instalarão a justiça itinerante, com a realização de audiências e demais funções da atividade jurisdicional, nos limites territoriais da respectiva jurisdição, servindo-se de equipamentos públicos e comunitários.

§ 3º. Os Tribunais Regionais Federais poderão funcionar descentralizadamente, constituindo Câmaras regionais, a fim de assegurar o pleno acesso do jurisdicionado à justiça em todas as fases do processo.

Comentários – Esses §§ 2º e 3º foram acrescentados pela EC 45/2004. O mesmo texto foi incluído em relação aos Tribunais Regionais do Trabalho e aos Tribunais de Justiça dos Estados e do Distrito Federal.

Ambos objetivam proporcionar o acesso à Justiça e ao processo. O § 2º alvitra levar a Justiça para mais perto do povo; e o § 3º, facilitar o acompanhamento processual em todas as suas fases. O § 2º diz respeito ao juízo de primeiro grau; o § 3º corresponde ao juízo de segundo grau. O primeiro é obrigatório; o segundo, facultativo.

Com efeito, os tribunais centralizam suas atividades em suas sedes, deixando a longa distância territorial e axiológica os seus jurisdicionados, uns menos e outros mais, a exemplo do TRF da 1ª Região, que é sediado em Brasília e jurisdiciona sobre mais 13 Estados, os mais díspares possíveis, como Bahia, Minas Gerais, Acre e Rondônia. Assim, funcionar descentralizadamente será constituir Câmaras em alguns ou em cada um dos Estados de sua jurisdição para julgar os processos respectivos.

COMENTÁRIOS AO TEXTO DA EC 45, DE 8.12.2004   95

Art. 108. *Compete aos Tribunais Regionais Federais:*

I – processar e julgar, originariamente:

a) os juízes federais da área de sua jurisdição, incluídos os da Justiça Militar e da Justiça do Trabalho, nos crimes comuns e de responsabilidade, e os membros do Ministério Público da União, ressalvada a competência da Justiça Eleitoral;

b) as revisões criminais e as ações rescisórias de julgados seus ou dos juízes federais da região;

c) os mandados de segurança e os "habeas data" contra ato do próprio Tribunal ou de juiz federal;

d) os "habeas corpus", quando a autoridade coatora for juiz federal;

e) os conflitos de competência entre juízes federais vinculados ao Tribunal;

II – julgar, em grau de recurso, as causas decididas pelos juízes federais e pelos juízes estaduais no exercício da competência federal da área de sua jurisdição.

Art. 109. *Aos juízes federais compete processar e julgar:*

I – as causas em que a União, entidade autárquica ou empresa pública federal forem interessadas na condição de autoras, rés, assistentes ou oponentes, exceto as de falência, as de acidentes de trabalho e as sujeitas à Justiça Eleitoral e à Justiça do Trabalho;

II – as causas entre Estado estrangeiro ou organismo internacional e Município ou pessoa domiciliada ou residente no País;

III – as causas fundadas em tratado ou contrato da União com Estado estrangeiro ou organismo internacional;

IV – os crimes políticos e as infrações penais praticadas em detrimento de bens, serviços ou interesse da União ou de suas entidades autárquicas ou empresas públicas, excluídas as contravenções e ressalvada a competência da Justiça Militar e da Justiça Eleitoral;

REFORMA DO PODER JUDICIÁRIO

V – os crimes previstos em tratado ou convenção internacional, quando, iniciada a execução no País, o resultado tenha ou devesse ter ocorrido no estrangeiro, ou reciprocamente;

V-A – as causas relativas a direitos humanos a que se refere o § 5º deste artigo; (...)

Comentários – Este último inciso foi acrescentado pela EC 45/2004. A competência ordinária é da Justiça Estadual, deslocando-se extraordinariamente para os Juízes Federais na hipótese de o Procurador-Geral da República suscitar, perante o STJ, incidente de deslocamento de competência, verificadas duas hipóteses concomitantes: *a)* ocorrência de *grave violação* a direitos humanos; e *b)* ante a necessidade de o Brasil cumprir obrigação decorrente de tratado de que faça parte. Só mediante o provimento do STJ será feito o deslocamento do processo, o qual poderá ocorrer em qualquer fase do inquérito ou processo.

É lógico que, se o crime se enquadra nos casos em que o Brasil deva prestar contas a organismos internacionais, a questão seja considerada de interesse federal – conseqüentemente, processada perante a Justiça Federal, junto à qual todo o aparato do Ministério Público Federal e da Advocacia-Geral da União atuarão.

Art. 109. (...)

VI – os crimes contra a organização do trabalho e, nos casos determinados por lei, contra o sistema financeiro e a ordem econômico-financeira;

VII – os "habeas corpus", em matéria criminal de sua competência ou quando o constrangimento provier de autoridade cujos atos não estejam diretamente sujeitos a outra jurisdição;

VIII – os mandados de segurança e os "habeas data" contra ato de autoridade federal, excetuados os casos de competência dos tribunais federais;

IX – os crimes cometidos a bordo de navios ou aeronaves, ressalvada a competência da Justiça Militar;

COMENTÁRIOS AO TEXTO DA EC 45, DE 8.12.2004

X – os crimes de ingresso ou permanência irregular de estrangeiro, a execução de carta rogatória, após o "exequatur", e de sentença estrangeira, após a homologação, as causas referentes à nacionalidade, inclusive a respectiva opção, e à naturalização;

XI – a disputa sobre direitos indígenas.

§ 1º. As causas em que a União for autora serão aforadas na seção judiciária onde tiver domicílio a outra parte.

§ 2º. As causas intentadas contra a União poderão ser aforadas na seção judiciária em que for domiciliado o autor, naquela onde houver ocorrido o ato ou fato que deu origem à demanda ou onde esteja situada a coisa, ou, ainda, no Distrito Federal.

§ 3º. Serão processadas e julgadas na justiça estadual, no foro do domicílio dos segurados ou beneficiários, as causas em que forem parte instituição de previdência social e segurado, sempre que a comarca não seja sede de vara do juízo federal, e, se verificada essa condição, a lei poderá permitir que outras causas sejam também processadas e julgadas pela justiça estadual.

§ 4º. Na hipótese do parágrafo anterior, o recurso cabível será sempre para o Tribunal Regional Federal na área de jurisdição do juiz de primeiro grau.

§ 5º. Nas hipóteses de grave violação de direitos humanos, o Procurador-Geral da República, com a finalidade de assegurar o cumprimento de obrigações decorrentes de tratados internacionais de direitos humanos dos quais o Brasil seja parte, poderá suscitar, perante o Superior Tribunal de Justiça, em qualquer fase do inquérito ou processo, incidente de deslocamento de competência para a Justiça Federal.

Comentários – Este parágrafo foi acrescido pela EC 45/2004 com o objetivo de possibilitar o deslocamento excepcional da competência da Justiça Estadual para a Federal nas hipóteses de grave violação de direitos humanos e ante a obrigação de o Brasil cumprir tratados internacionais de direitos humanos dos quais faça parte.

98 REFORMA DO PODER JUDICIÁRIO

Como já comentado acima, esse deslocamento de competência é de caráter excepcional e suportado observados dois requisitos: *a)* grave violação de direitos humanos; e *b)* finalidade de o Brasil cumprir obrigação assumida em tratados de direitos humanos. Com efeito, se a finalidade diz respeito ao cumprimento de obrigação pelo Governo Federal, a providência está coerente com os critérios de atribuição de competência da Justiça Federal.

> *Art. 110. Cada Estado, bem como o Distrito Federal, constituirá uma seção judiciária que terá por sede a respectiva Capital, e varas localizadas segundo o estabelecido em lei.*
>
> *Parágrafo único. Nos Territórios Federais, a jurisdição e as atribuições cometidas aos juízes federais caberão aos juízes da justiça local, na forma da lei.*

16. Dos Tribunais e Juízes do Trabalho

> *Art. 111. São órgãos da Justiça do Trabalho:*
> *I – o Tribunal Superior do Trabalho;*
> *II – os Tribunais Regionais do Trabalho;*
> *III – Juízes do Trabalho.*
> *§§ 1º, 2º e 3º. (Revogados pela EC 45/2004. A matéria neles contida foi tratada no art. 111-A.)*

Comentários – É curioso notar que a reativação da PEC 96/92, da Reforma do Judiciário, teve por alvo, inicialmente, a extinção da Justiça do Trabalho, e, ao final, fortaleceu-a, mediante a sensível ampliação de sua competência e da estrutura do Tribunal Superior do Trabalho.

> **Art. 111-A. O Tribunal Superior do Trabalho compor-se-á de vinte e sete Ministros, escolhidos dentre brasileiros com mais de trinta e cinco e menos de sessenta e cinco anos, nomeados pelo Presidente da República após aprovação pela maioria absoluta do Senado Federal, sendo: (...)**

Comentários – Este artigo foi acrescentado pela EC 45/2004 para restituir ao TST as dez vagas de Ministro que a EC 24/1999 extinguira

COMENTÁRIOS AO TEXTO DA EC 45, DE 8.12.2004

em conseqüência da supressão da representação classista, deixando-o com apenas dezessete Ministros, sendo onze oriundos da magistratura de carreira, três da OAB e três do Ministério Público.

Também para corrigir pelo menos duas distorções no TST:

a) a desproporção que ficou na Corte, com mais de um terço dos seus membros oriundos do quinto constitucional;

b) pôr cobro às convocações em caráter permanente de dez juízes de Tribunais Regionais para suprir a demanda da Corte.

Conforme o disposto no inciso I, abaixo, todos os dez cargos de ministro recriados serão preenchidos por juízes dos Tribunais Regionais do Trabalho, pois 1/5 de 27 = 5,4, e já há atualmente seis membros da OAB e do MP.

Art. 111-A. (...)

I – um quinto dentre advogados com mais de dez anos de efetiva atividade profissional e membros do Ministério Público do Trabalho com mais de dez anos de efetivo exercício, observado o disposto no art. 94; (...)

Comentários – Na redação anterior, dada pela EC 24, não constava a proporção. Simplesmente dizia que eram dezessete ministros togados, sendo onze de carreira, três da OAB e três do Ministério Público. Remetemos ao comentário feito ao art. 94.

Art. 111-A. (...)

II – os demais dentre juízes dos Tribunais Regionais do Trabalho, oriundos da magistratura da carreira, indicados pelo próprio Tribunal Superior. (...)

Comentários – O texto sob comento não diz qual o critério de indicação a ser adotado pelo TST. O texto do revogado § 2º do art. 111 determinava que fosse feita lista tríplice de juízes de Tribunais Regionais do Trabalho. A redação aprovada pelo Senado Federal também prestigia a lista tríplice.

Daí a ilação de que a nossa tradição, nesse particular, recomenda a lista tríplice. Destarte, não nos parece que comporte no programa nor-

100　　REFORMA DO PODER JUDICIÁRIO

mativo da Constituição que, dentre os Tribunais Superiores, só o TST tenha esse privilégio de indicar os nomes das pessoas escolhidas para o cargo de ministro, reservando ao Poder Executivo e ao Senado Federal tão-só o papel de ratificação ou recusa do nome, sem qualquer margem de opção.

Por seu turno, o Regimento Interno do TST dispõe que, na ocorrência de preenchimento de mais de uma vaga de Ministro, o TST encaminhará ao Presidente da República uma lista com tantos figurantes quantos os cargos a preencher mais dois nomes. Com isso, entende que estará proporcionando ao Chefe do Executivo sempre três nomes para cada indicação.

Entretanto, essa forma de lista não é democrática e por isso será inconstitucional, visto que estreita a participação dos interessados no processo de escolha, diminuindo a participação do Presidente da República e do Senado Federal. Destarte, a participação do Tribunal no processo de escolha deve dar-se na proporção de $1/3 = 0,33\%$ (dos três indicados, um será escolhido e nomeado após a aprovação pelo Senado), enquanto a participação do Presidente da República, juntamente com o Senado Federal, deve se dar na proporção de $2/3$ (de cada três listados eles descartam dois).

Suponhamos que se deliberasse preencher os dez cargos de ministros de uma vez só. O TST encaminharia ao Executivo doze nomes de juízes de Tribunais Regionais do Trabalho, restando ao Presidente da República descartar apenas dois. Ou seja, o TST praticamente escolheria em definitivo dez, $5/6 = 0,833\%$ na participação. Certamente, esse não é o espírito do preceito constitucional.

Art. 111-A. (...)

§ 1º. A lei disporá sobre a competência do Tribunal Superior do Trabalho. (...)

Comentários – Esse parágrafo corresponde ao antigo § 3º do art. 111, inclusive com a mesma redação. A competência do TST decorre da matéria relacionada no art. 114; em matéria administrativa, sua competência decorre dos arts. 98 e 111, § 2º. Quanto à competência funcional, aquela que se define dentro do sistema trabalhista, o principal berço da competência do TST é a CLT, especialmente os arts. 690 a 709, até onde não conflitantes com a Constituição.

COMENTÁRIOS AO TEXTO DA EC 45, DE 8.12.2004 101

Art. 111-A. (...)

§ 2º. Funcionarão junto ao Tribunal Superior do Trabalho:

I – a Escola Nacional de Formação e Aperfeiçoamento de Magistrados do Trabalho, cabendo-lhe, dentre outras funções, regulamentar os cursos oficiais para o ingresso e promoção na carreira; (...)

Comentários – Idêntico preceito foi incluído em relação ao STJ. Comentamos ali que à Escola Nacional que funcionará junto ao STJ cabe, dentre outras funções a serem definidas pela Corte, regulamentar os cursos oficiais para ingresso e promoção na carreira de magistrados de todos os ramos do Judiciário, à exceção da Justiça do Trabalho.

Destarte, cabe à Escola Nacional de Formação e Aperfeiçoamento de Magistrados do Trabalho (ENFAMT), dentre outras funções a serem definidas pela Corte Trabalhista, regulamentar os cursos oficiais para o ingresso e promoção na carreira. O conceito *regulamentar* adjudica também fiscalizar o funcionamento e indicar o conteúdo curricular básico.

A conseqüência da instituição da ENFAMT é que os cursos ministrados pelas Escolas locais de magistratura, reconhecidas e autorizadas pela primeira, tenham validade em todo o território nacional, independentemente de reconhecimento pelo MEC ou Conselhos Estaduais de Educação. Contudo, nada impede que o TST faça convênio com o MEC para que os diplomas dos Cursos com programas e carga horária compatíveis com os cursos de pós-graduação tenham validade automática no âmbito geral, isto é, fora do círculo judiciário.

O cuidado deve ser com a qualidade formal das Escolas, a Nacional e as locais, mediante corpo dirigente e docente com a titulação formal de doutorado ou mestrado, para que os cursos tenham credibilidade, até porque a natureza do principal deles – curso de formação e aperfeiçoamento de magistrados – será de pós-graduação.

Remetemos o leitor aos comentários feitos aos *Princípios da magistratura*, art. 93, II, "c", e IV.

Art. 111-A. (...)

II – o Conselho Superior da Justiça do Trabalho, cabendo-lhe exercer, na forma da lei, a supervisão adminis-

trativa, orçamentária, financeira e patrimonial da Justiça do Trabalho de primeiro e segundo graus, como órgão central do sistema, cujas decisões terão efeito vinculante.

Comentários – Como está posto, o CNJT exercerá a supervisão *orçamentária, administrativa, financeira* e *patrimonial* só sobre a 1ª e a 2ª instâncias da Justiça do Trabalho. Portanto, não sobre o TST, o que não se explica. Contudo, idêntico controle sobre o TST será exercido pelo Conselho Nacional de Justiça.

Na verdade, esse controle será sobre os Tribunais Regionais do Trabalho, posto que a 1ª instância da Justiça do Trabalho não possui autonomia orçamentária, dependendo exclusivamente do Tribunal a que se vincula; não detêm autonomia financeira, dado que depende absolutamente do Tribunal; também não possui autonomia patrimonial, visto que todo o patrimônio é controlado pelo Serviço de Patrimônio do Tribunal.

Sonho antigo do TST, pois a autonomia que a Constituição confere aos Regionais, sem essa limitação, impedia de a Corte Superior exercer sobre eles qualquer controle de natureza administrativa. Semelhante providência já constava em relação à Justiça Federal, que dispunha do Conselho da Justiça Federal, funcionando junto ao STJ, com atribuições idênticas às ora conferidas ao Conselho Superior da Justiça do Trabalho. Ao Conselho da Justiça Federal foi acrescentada pela EC 45 a atribuição correicional, porque os TRFs não se sujeitavam a correição de nenhum órgão superior. Ao CSJT não foi dada função correicional porque já existe a Corregedoria Geral do TST.

Sem dúvida, alguns abusos administrativos amplamente noticiados justificaram a instituição desse Conselho. Por outro lado, essa providência alivia a responsabilidade dos Presidentes dos Regionais, que sempre submeterão os casos mais duvidosos ao crivo do Conselho.

Sob outro ângulo, o Conselho funcionará como *órgão central do sistema, cujas decisões terão caráter vinculante*.

Cumpre à lei delimitar as atribuições do Conselho. Contudo, segundo o art. 6º da EC 45, "será instalado no prazo de cento e oitenta dias, cabendo ao Tribunal Superior do Trabalho regulamentar seu funcionamento por resolução, enquanto não promulgada a lei". O prazo deve ser contado da publicação da Emenda, que se deu em 31.12.2004.

COMENTÁRIOS AO TEXTO DA EC 45, DE 8.12.2004   103

O TST já o havia experimentado, mediante a Resolução Administrativa de 24.8.2000, que não vingou, à míngua de suporte constitucional. Assim, não haverá dificuldade de pôr em funcionamento esse órgão, por meio de resolução administrativa, certamente, inspirada no modelo do Conselho da Justiça Federal, enquanto não for promulgada a lei.

Composição – Segundo a revogada Resolução Administrativa referida, compunham o CSJT: o Presidente, o Vice-Presidente e o Corregedor do TST; três Ministros eleitos pelo Pleno; três Presidentes de TRT eleitos pelo Colégio de Presidentes e Corregedores. Espera-se que na nova versão figurem juízes de primeiro e de segundo graus, sem a necessidade de que o último seja presidente de Tribunal, exigindo-se, contudo, algumas pré-qualificações de ordem técnica e de outras naturezas. Assim, também, seria de bom alvitre que o processo de indicação destes fosse o mais democrático possível, como, por exemplo, a partir de listas indicadas pelas AMATRAs, para escolha pelo próprio Conselho, ou pelo TST, enquanto não constituído aquele.

Art. 112. A lei criará varas da Justiça do Trabalho, podendo, nas comarcas não abrangidas por sua jurisdição, atribuí-la aos juízes de direito, com recurso para o respectivo Tribunal Regional do Trabalho.

Comentários – A redação anterior continha a expressão "haverá pelo menos um Tribunal Regional do Trabalho em cada Estado e no Distrito Federal, e a lei instituirá as Varas do Trabalho, podendo, nas comarcas onde não forem instituídas, atribuir sua jurisdição aos juízes de direito".

A redação atual excluiu essa obrigatoriedade de haver um TRT em cada Estado e acrescentou que das decisões dos juízes de direito na função trabalhista cabe recurso para o Tribunal Regional do Trabalho da Região, como, aliás, já vinha ocorrendo na prática.

As Varas do Trabalho serão criadas por lei federal, a qual delimitará a sua jurisdição, independentemente das leis de organização judiciária dos Estados.

A Lei 6.947/1981 determina os critérios para a criação de novas Varas, os quais podemos resumir: *a)* de dois em dois anos o TST analisa propostas de criação de novas Varas, encaminhando projeto de lei ao Governo; *b)* é preciso que existam mais de 24.000 empregados na localidade ou que tenham sido ajuizadas 240 reclamações trabalhistas anuais, em média, nos últimos 3 anos; *c)* nas localidades onde já existam Varas só serão criadas outras quando o número de processos por anos seguidos exceder 1.500, em cada órgão; *d)* a jurisdição de uma Vara é estendida, pela lei que a cria, aos Municípios próximos num raio máximo de 100 km da sede, desde que existam meios de acesso e de comunicação regulares com os referidos locais.

Os arts. 668 e 669, da CLT, atribuem a competência trabalhista aos Juízes de Direito, das áreas não compreendidas na jurisdição de Varas do Trabalho.

Portanto, de concreto, a novidade cinge-se à não-obrigatoriedade de criação de TRT em cada Estado e no Distrito Federal.

17. Competência da Justiça do Trabalho

> **Art. 113.** *A lei disporá sobre a constituição, investidura, jurisdição, competência, garantias e condições de exercício dos órgãos da Justiça do Trabalho [assegurada a paridade de representação de trabalhadores e empregadores – parte revogada]*

Comentários – A lei de que trata este artigo é a Lei Orgânica da Magistratura e a Consolidação das Leis do Trabalho, além de outras já existentes e futuras. A parte em negrito foi revogada tacitamente pela EC n. 24/1999, que extinguiu a representação classista da Justiça do Trabalho.

> **Art. 114. Compete à Justiça do Trabalho processar e julgar:**
>
> *I – as ações oriundas da relação de trabalho, abrangidos os entes de direito público externo e da administração pública direta e indireta da União, dos Estados, do Distrito Federal e dos Municípios; (...)*

Comentários – A parte mais controvertida da Reforma do Judiciário deu-se em relação à Justiça do Trabalho. A JT getuliana encerrou

COMENTÁRIOS AO TEXTO DA EC 45, DE 8.12.2004

uma era, a do trabalhador empregado; a da EC 45 inaugura outra era, a do trabalho de todo gênero. Por isso, merece demorado comentário. Afinal, o próprio perfil da Justiça do Trabalho mudou. Não foi um mero alargamento de competências, senão mudança essencialmente visceral da Justiça Obreira.

A grande inovação ocorreu na substituição da palavra *relação de emprego* por *relação de trabalho*. A opção do legislador foi no sentido de fixar a competência da JT com base no elemento *causa petendi*, no caso, a *relação de trabalho*. Com efeito, esta última é muito mais abrangente, compreendendo todas as formas de trabalho humano, público ou privado, urbano ou rural, autônomo ou sob vínculo de emprego, eventual ou permanente, enfim, todos os contratos de atividade, em que o prestador do serviço seja pessoa física (ou pessoa jurídica unipessoal) e execute o serviço em caráter predominantemente pessoal.

Essa providência está harmônica com a nova ordem trabalhista, que caminha para a substituição do emprego por outras formas de relações de trabalho – no Brasil assumindo proporções superiores às relações de emprego formal, mormente em virtude do projeto de flexibilização da legislação do trabalho. Assim, as outras formas de relações laborais gozarão de um mínimo de proteção trabalhista, pelo menos o acesso aos órgãos da Justiça do Trabalho e às facilidades da jurisdição especial.

Trata-se, por um lado, de uma medida tendente à inclusão social do trabalhador que se encontra em condição precarizada, e, por outro lado, de centralizar em um órgão julgador todos os litígios que tenham por causa a relação de trabalho de todas as naturezas, dos mais altos escalões das sociedades comerciais até os humildes diaristas.

Ensaia-se uma posição doutrinária no sentido de excluir do raio da JT o trabalho prestado por profissional liberal ou qualquer profissional, como o taxista, o encanador, diretamente ao cliente, sob o argumento de que se trata de relação de consumo, regida pelo Código de Defesa do Consumidor. Ora, esses apressados não estão vendo que tal relação é de mão dupla, dependendo de quem é o lesado nessa relação: se for o prestador do serviço, a pessoa que vive do seu trabalho pessoal, que não recebe seus honorários, reclama-los-á na JT; este trabalhador, o que vive de seu trabalho pessoal, prestando o serviço diretamente aos clientes, não pode ficar ao desabrigo da Justiça Obreira. Da mesma forma, se for o tomador do serviço que não ficar satisfeito, postulará,

106 REFORMA DO PODER JUDICIÁRIO

também, perante à Justiça do Trabalho. Conseqüentemente, no processo trabalhista, as outras questões alusivas às relações de consumo serão decididas incidentalmente.

A amplitude dessa mudança tem o efeito de uma poeira cósmica, que ainda vai demorar a assentar, dado que abre outro leque também pelo ângulo do Ministério Público do Trabalho, cujo raio de ação será ampliado. Antes, sua atuação corria nos estreitos trilhos da relação de emprego, ostensiva ou fraudada; agora, onde houver exploração do trabalho humano, a qualquer título, lançará seus tentáculos na defesa da sociedade, do Estado e da ordem democrática.

Logicamente, quando a questão versar sobre matéria estranha ao contrato de emprego, a Justiça do Trabalho aplicará o direito comum que a regulamentar. Apenas empregará os procedimentos do Processo do Trabalho, socorrendo-se da legislação especial porventura existente sobre cada matéria.[13] Outrossim, os princípios do direito do trabalho compatíveis serão invocados em favor dos parassubordinados.

Quanto aos servidores públicos submetidos ao regime administrativo, o texto promulgado é claro no sentido de incluí-los na competência da JT. O Senado Federal havia incluído a frase "exceto os servido-

---

13. Neste sentido o TST baixou a Instrução n. 27, de 16.2.2005, cujo teor é o seguinte: "Art. 1º. As ações ajuizadas na Justiça do Trabalho tramitarão pelo rito ordinário ou sumaríssimo, conforme previsto na Consolidação das Leis do Trabalho, excepcionando-se, apenas, as que, por disciplina legal expressa, estejam sujeitas a rito especial, tais como o Mandado de Segurança, *Habeas Corpus, Habeas data,* Ação Rescisória, Ação Cautelar, Ação de Consignação em Pagamento. Art. 2º. A sistemática recursal a ser observada é a prevista na Consolidação das Leis do Trabalho, inclusive no tocante à nomenclatura, à alçada, aos prazos e às competências. Parágrafo único. O depósito recursal a que se refere o art. 899 da CLT é sempre exigível como requisito extrínseco do recurso, quando houver condenação em pecúnia. Art. 3º. Aplicam-se quanto às custas as disposições da Consolidação das Leis do Trabalho. § 1º. As custas serão pagas pelo vencido, após o trânsito em julgado da decisão. § 2º. Na hipótese de interposição de recurso, as custas deverão ser pagas e comprovado seu recolhimento no prazo recursal (arts. 789, 789-A, 790 e 790-A da CLT). § 3º. Salvo nas lides decorrentes da relação de emprego, é aplicável o princípio da sucumbência recíproca, relativamente às custas. Art. 4º. Aos emolumentos aplicam-se as regras previstas na Consolidação das Leis do Trabalho, conforme previsão dos arts. 789-B e 790 da CLT. Art. 5º. Exceto nas lides decorrentes da relação de emprego, os honorários advocatícios são devidos pela mera sucumbência. Art. 6º. Os honorários periciais serão suportados pela parte sucumbente na pretensão objeto da perícia, salvo se beneficiária da justiça gratuita. Parágrafo único. Faculta-se ao juiz, em relação à perícia, exigir depósito prévio dos honorários, ressalvadas as lides decorrentes da relação de emprego. Art. 7º. Esta Resolução entrará em vigor na data de sua publicação".

COMENTÁRIOS AO TEXTO DA EC 45, DE 8.12.2004

res ocupantes de cargos criados por lei, de provimento efetivo ou em comissão, incluídas as autarquias e fundações públicas dos referidos entes da Federação". Em razão disso, essa parte retornou para reexame da Câmara dos Deputados.

Contudo, antes do reexame da matéria pela Câmara, na noite do dia 27.1.2005, o Min. Nelson Jobim (Presidente do STF), acolhendo parcialmente solicitação da AJUFE (Associação dos Juízes Federais), em controle concentrado de constitucionalidade, deferiu liminar restringindo o inc. I do art. 114 da CF, na parte referente à competência da Justiça do Trabalho para processar as ações envolvendo servidores estatutários (ADI 3.395). Desta forma, a Justiça do Trabalho não pode mais julgar lides de servidores estatutários, pelo menos enquanto vigorar a liminar ou se o STF confirmá-la no mérito.[14]

A expressão "relação de trabalho", inserida pela EC 45/2004, alberga os trabalhadores autônomos, os parassubordinados (caracterizados pela continuidade, coordenação do trabalho e o aspecto predominantemente pessoal da prestação de serviços),[15] os profissionais liberais e outros prestadores de serviços (corretores, advogados, médicos, dentistas, representantes comerciais, cooperativas de trabalho, diaristas, faxineiras, bóias-frias, eventuais, avulsos, os que vivem de biscate, terceirizados, estagiários etc.), quer o litígio seja entre o trabalhador e quem o contratou, quer entre o trabalhador e o beneficiário da força de trabalho em geral (nas terceirizações), inclusive tomadores de serviço. Por estarem muito assemelhados aos trabalhadores individuais, dentro da idéia de parassubordinação, os prestadores de serviços que sejam empresas unipessoais também terão seus litígios com os tomadores de

14. O principal argumento da AJUFE foi o de vício no processo legislativo. Na verdade, suspeita-se que o interesse é, muito mais, o de preservar a competência para processar litígios envolvendo os servidores estatutários em geral, do que o de garantir o regime da legalidade. Não parece muito apropriado que esta atividade esteja entre os propósitos estatutários da AJUFE nem que haja o requisito da sua *pertinência* para com o *objeto* da demanda constitucional, condição para o ajuizamento da ADI. O Min. Nelson Jobim concedeu a liminar por outros argumentos, que o de vício no processo legislativo.

15. Vide a idéia de parassubordinação em Arion Sayão Romita, "A Crise da Subordinação Jurídica – Necessidade de proteção a trabalhadores autônomos e parassubordinados", São Paulo, LTr, *Revista LTr* 68(11):1287-1298, novembro, 2004. São exemplos de parassubordinados os seguintes profissionais que prestam serviços certos à empresa, sem ser empregados: o advogado, o médico, o contador. A necessária fidúcia da empresa nestes profissionais impõe o ingrediente *intuitu personae* à labuta.

108   REFORMA DO PODER JUDICIÁRIO

serviço dirimidos pela Justiça do Trabalho.[16] O § 2º, art. 114 da CF, confere esta competência para os casos de dissídios individuais e coletivos.

Os litígios que envolvam prestação de serviço entre empresas ou que traduzam estrita exploração em escala comercial de empresas a clientes permanecerão na alçada da Justiça Comum estadual, quando o conflito não envolver o trabalhador em sua labuta pessoal (atente-se para o que dissemos sobre as empresas unipessoais).

É preciso termos cuidado para não nos deixarmos levar pelo argumento da relação de consumo, regida pelo Código de Defesa do Consumidor, para remeter os litígios laborais à Justiça Comum. Contra este risco, convém relembrarmos, conforme dito há pouco, que a mudança de competência não altera o direito material em si. Portanto, o princípio é de que o litígio envolvendo trabalho pessoal é da alçada da Justiça do Trabalho, agora caracterizada como órgão jurisdicional ordinário para processar este tipo de matéria. Cabe cindir a relação jurídica, especialmente nas relações triangulares, desnudando o aspecto *trabalhista* da relação de *consumo*, a fim de se analisar o primeiro na própria Justiça do Trabalho e remeter o segundo à Justiça Comum. Assim, se o sujeito *A*, mesmo que autônomo seja, trabalha para a empresa *B*, confeccionando peças para ela, e *B* as vende ao público consumidor, é óbvio que esta última é relação de consumo, enquanto a existente entre *A* e *B* é tipicamente de trabalho, a atrair a competência da Justiça do Trabalho. Parece-nos, até, que podemos estabelecer uma fórmula inicial: as relações de compra e venda em geral não se caracterizam como relação de trabalho, sendo reguladas estritamente pela legislação civil e pelo Código de Defesa do Consumidor.[17]

16. Com certa freqüência, grandes empresas, tomadoras de serviços, exigem que o trabalhador constitua firma individual para a prestação de serviços, a fim de fugir dos encargos trabalhistas e por outras razões. Agora, a Justiça do Trabalho poderá julgar os litígios entre tais contratantes e, se entender que não há fraude à relação de emprego, já poderá julgar a lide sob a ótica do direito comum, do contrato civil.

17. O trabalho envolve uma atividade, a prestação de um serviço – que, para efeitos da competência da Justiça do Trabalho, tem de ser em caráter pessoal – ou a fabricação de peças. O processo de fabricação de peças pelos trabalhadores (subordinados ou não) envolve relação de trabalho, enquanto a sua venda é relação civil, comercial ou de consumo. Esta distinção é importante porque, geralmente, estas duas etapas envolvem pessoas diversas e relações autônomas; quando muito com um único sujeito comum: o tomador de serviços, que encomendara a peça e que a venderá a terceiro.

COMENTÁRIOS AO TEXTO DA EC 45, DE 8.12.2004   109

O novo dispositivo constitucional abriga o que a legislação ordinária já previa, referente aos trabalhadores avulsos. Subordinados ou não, independentemente de sua sindicalização, os avulsos prestam serviços apenas eventualmente para a empresa, sem se fixarem a um só tomador de serviço, daí porque não são empregados. Ex.: o amarrador, o consertador de carga e descarga, os estivadores, o vigia portuário, o classificador de frutas etc. (Dec. 63.912/1968). Competem à Justiça Obreira os dissídios entre trabalhadores avulsos e seus tomadores de serviços (art. 643, CLT).[18]

Sucede o mesmo com relação ao *dissídio entre pequeno empreiteiro e empreitador (tomador de serviços* ou *dono da obra):* a empreitada é contrato civil, de resultado, no qual se visa à entrega de uma

Esta cisão nas relações contratuais complexas justifica, também, por exemplo, que o trabalho desenvolvido pelo corretor de imóveis é típica relação trabalhista (não subordinada), enquanto a ocorrida entre o vendedor e o comprador do imóvel é de cunho civil: contrato de compra e venda. Aí, o corretor é simples mediador, interlocutor ou intermediário de um contrato-fim, viabilizando o encontro de vontades entre as partes.

A relação de trabalho envolverá um *facere,* e não um *dare,* exatamente porque não é um contrato de resultado, nem real. Veja-se a diferença entre a obrigação de dar e de fazer: Arnoldo Wald, *Obrigações e Contratos,* 10ª ed., São Paulo, Ed. RT, 1992, pp. 36-38 (tópico 14); Caio Mário da Silva Pereira, *Instituições de Direito Civil,* 19ª ed., Rio de Janeiro, Forense, 2001, vol. II, p. 33 (tópico 132); Sílvio Rodrigues, *Direito Civil – Parte Geral das Obrigações,* 19ª ed., São Paulo, Saraiva, 1989, vol. 2, pp. 34-35 (tópico 13); Orlando Gomes, *Obrigações,* 15ª ed., Rio de Janeiro, Forense, 2000, p. 38 (tópico 33); Álvaro Villaça Azevedo, *Teoria Geral das Obrigações,* 9ª ed. São Paulo, Ed. RT, 2001, p. 70.

Envolve a relação de trabalho o contrato de atividade. Renato Corrado, analisando o conceito jurídico de trabalho, afirma que ele ocorre quando: 1) uma atividade humana é desenvolvida pela própria pessoa física; 2) essa atividade se destina à criação de um bem materialmente avaliável; 3) surja de relação por meio da qual um sujeito presta, ou se obriga a prestar, a própria força de trabalho em favor de outro sujeito, em troca de uma retribuição (*apud* Délio Maranhão, Luiz Inácio B. Carvalho, *Direito do Trabalho,* 16ª ed., Rio de Janeiro, FGV, 1992, p. 7).

As zonas cinzentas, aquelas obscuras quanto à definição de relação de trabalho para efeitos do art. 114, I, CF, desde que envolva prestação de serviços, atrairão a competência da Justiça do Trabalho, por ser esta o ramo do judiciário com competência ordinária para processar as ações referentes ao trabalho em geral. Porém, se a causa de pedir for estritamente relação de consumo, com base no Código de Defesa do Consumidor, a questão será dirimida na Justiça Comum.

18. A MP 1.952-24, de 26.5.2000, em constantes reedições (atual MP 2.164-41, de 24.8.2001), acrescentou um § 3º ao art. 643, com a seguinte redação: "§ 3º. A Justiça do Trabalho é competente, ainda, para processar e julgar as ações entre trabalhadores portuários e os operadores portuários ou o Órgão Gestor de Mão-de-Obra - OGMO decorrentes da relação de trabalho".

110   REFORMA DO PODER JUDICIÁRIO

obra, mediante um preço. Os riscos correm por conta de quem executa a obra, o empreiteiro, que, frise-se bem, não é empregado. Pequeno empreiteiro diz-se de quem é o próprio executor da obra, o próprio artífice, só ou com auxílio de outrem. Devido sua fragilidade econômica, a lei atribuiu competência à Justiça do Trabalho para dirimir os conflitos da pequena empreitada (art. 652, III, CLT).

Na mesma linha se encontram os parceiros, meeiros e os arrendatários, quando não houver exploração comercial na atividade dos contratantes.

Servidores públicos "da administração pública direta e indireta da União, dos Estados, do Distrito Federal e dos Municípios" (art. 114, I, CF) – Por força da EC 45/2004, a Justiça do Trabalho, que já tinha competência para julgar os litígios entre a Administração Pública e os servidores celetistas, passou a ser competente para processar, também, os servidores públicos estatutários, em qualquer das esferas de governo. Só escaparam desta abrangência competencial os militares (membros das Forças Armadas, policiais militares e corpos de bombeiros militares – arts. 42 e 142, § 3º, CF). Nesta ótica, até os integrantes da Polícia Federal, das Polícias Rodoviárias, das Polícias Civis e Guardas Municipais foram incluídos na alçada da Justiça do Trabalho; bem ainda as lides envolvendo a Administração Pública de qualquer esfera e os magistrados, os membros do Ministério Público, das Defensorias, das Procuradorias Judiciais e Administrativas etc. Com efeito, a nova redação do art. 114, I, da CF, não excluiu os estatutários, aí encontrando-se os agentes que desenvolvem funções típicas de Estado.[19] Mas,

19. Antes da EC 45/2004, os agentes de Estado – fiquemos com os juízes e membros do *parquet* – eram julgados judicialmente pela Justiça Comum dos Estados (se membros estaduais) e pela Justiça Federal (se membros de órgão federal, inclusive os da Justiça do Trabalho). Com a guinada competencial, o litígio, portanto de cunho judicial, passou à alçada da Justiça do Trabalho, até mesmo porque ditos agentes cabem na idéia de *trabalhadores, lato sensu*, concepção esta adotada pela Organização Internacional do Trabalho (OIT), e porque recebem tratamento complementar de funcionários públicos. Apesar de serem trabalhadores diferenciados, altamente qualificados e exercentes de funções públicas de alto escalão, não podem deixar de ser encarados como detentores de direitos sociais genéricos (férias, salários dignos, 13º salário, tratamento digno, isonômico e sem discriminação, acesso igualitário ao cargo e aos critérios de promoção etc.).

Permanece, de todo modo, a competência de cada Tribunal para apreciar, administrativamente, os pedidos e questões que envolverem seus integrantes, funcionários e juízes (autonomia administrativa, e função disciplinar e correicional privativas dos tribunais: arts. 96, I, e 103-B, § 4º, III, CF). Bem ainda, para julgarem penalmente os

COMENTÁRIOS AO TEXTO DA EC 45, DE 8.12.2004   111

como já se informou, o STF restringiu essa competência, excluindo os servidores sob regime administrativo.

Esta incumbência da Justiça do Trabalho para processar litígios de servidores públicos estatutários e, sobretudo, de agentes políticos (magistrados, membros do MP, procuradores judiciais etc., de qualquer esfera administrativa) abriria um abismo na Justiça Comum, na Justiça Federal e nos demais órgãos de Poder.

De um lado, pode melhorar o acesso dos juízes estaduais à discussão de seus problemas administrativos fora do âmbito da estrutura militarizada da Justiça a que pertencem, possibilitando maior democracia, igualdade e isenção nos julgamentos; mas, de outro lado, não interessará aos tribunais de justiça e TRFs, porque terão de compartilhar seus problemas com outros órgãos da estrutura do Estado, como o Ministério Público do Trabalho, que poderá, inclusive, investigar e questionar nomeações de servidores, promoções de magistrados, concursos para os cartórios etc.

Contudo, os interesses políticos tendem a falar mais alto. Havíamos vaticinado, logo após a publicação da EC 45/2004, que os juízes federais não se conformariam em ter suas lides julgadas pelos juízes do trabalho; e os Tribunais de Justiça sequer cogitariam de permitir que a Justiça do Trabalho e o Ministério Público do Trabalho cuidassem de seus assuntos administrativos, envolvendo servidores e magistrados. E foi o que se confirmou, conforme liminar noticiada.

Servidores de "entes de direito público externo" (art. 114, I, CF) – As questões trabalhistas envolvendo embaixadas (e outros entes ou organismos de direito público externo) e seus empregados são da competência da Justiça do Trabalho, apesar do princípio da extraterritoriedade. A atual CF não solucionou, contudo, o problema da impenhorabilidade dos bens desses organismos. Deixou a polêmica sobre a impenhorabilidade para a fase de execução, quando o aplicador da norma deverá se ater aos regramentos do Direito Internacional.

Na verdade, a relação jurídica travada entre o trabalhador e tais organismos não é de direito internacional público, mas, sim, de cunho

---

magistrados e membros do Ministério Público, em atenção ao foro privilegiado, previsto em vários dispositivos da Constituição Federal (arts. 52, II; 96, III; 102, I, "b"; 105, I, "a"; e 108, I, "a", CF).

112 REFORMA DO PODER JUDICIÁRIO

privado, trabalhista, regida pela CLT,[20] de modo a atrair a aplicação do Direito Internacional Privado e mitigar a imunidade, que é instituto assegurador do desempenho de funções tipicamente públicas, com relevo internacional, o que, definitivamente, não é a hipótese deste tipo de litígio trabalhista.[21] Aliás, as imunidades das pessoas jurídicas de direito internacional são, muito mais, pertinentes ao seu papel político na aldeia global, havendo, por isto mesmo, tratamento diferenciado no campo do Direito Penal aos seus agentes, para melhor desempenharem suas funções públicas. Há organismos que não são Estados nem embai-

20. TST-SEDI-1, ERR 189280/95-1ª Reg., Embargante: Centro Pan-Americano de Febre Aftosa – CFPA; Embargado: Fernando Alexandre; Red. desig. p/Ac. Min. José Luiz Vasconcellos, *DJ* 4.8.2000, p. 472.

Há mais de uma década o STF esposa esta mesma opinião: STF-Pleno, Ap. Cív 9696-SP, Rel. Min. Sydney Sanches, *DJ* 12.10.1990, p. 11.045.

21. Vide a seguinte Ementa do STF, narrando a evolução do instituto, sob a ótica trabalhista:

IMUNIDADE DE JURISDIÇÃO. RECLAMAÇÃO TRABALHISTA. LITÍGIO ENTRE ESTADO ESTRANGEIRO E EMPREGADO BRASILEIRO. EVOLUÇÃO DO TEMA NA DOUTRINA, NA LEGISLAÇÃO COMPARADA E NA JURISPRUDÊNCIA DO SUPREMO TRIBUNAL FEDERAL: DA IMUNIDADE JURISDICIONAL ABSOLUTA À IMUNIDADE JURISDICIONAL MERAMENTE RELATIVA - RECURSO EXTRAORDINÁRIO NÃO CONHECIDO. OS ESTADOS ESTRANGEIROS NÃO DISPÕEM DE IMUNIDADE DE JURISDIÇÃO, PERANTE O PODER JUDICIÁRIO BRASILEIRO, NAS CAUSAS DE NATUREZA TRABALHISTA, POIS ESSA PRERROGATIVA DE DIREITO INTERNACIONAL PÚBLICO TEM CARÁTER MERAMENTE RELATIVO – O Estado estrangeiro não dispõe de imunidade de jurisdição, perante órgãos do Poder Judiciário brasileiro, quando se tratar de causa de natureza trabalhista. Doutrina. Precedentes do STF (*RTJ* 133/159 e 161/643-644) – Privilégios diplomáticos não podem ser invocados, em processos trabalhistas, para coonestar o enriquecimento sem causa de Estados estrangeiros, em inaceitável detrimento de trabalhadores residentes em território brasileiro, sob pena de essa prática consagrar censurável desvio ético-jurídico, incompatível com o princípio da boa-fé e inconciliável com os grandes postulados do direito internacional. O PRIVILÉGIO RESULTANTE DA IMUNIDADE DE EXECUÇÃO NÃO INIBE A JUSTIÇA BRASILEIRA DE EXERCER JURISDIÇÃO NOS PROCESSOS DE CONHECIMENTO INSTAURADOS CONTRA ESTADOS ESTRANGEIROS – A imunidade de jurisdição, de um lado, e a imunidade de execução, de outro, constituem categorias autônomas, juridicamente inconfundíveis, pois – ainda que guardem estreitas relações entre si – traduzem realidades independentes e distintas, assim reconhecidas quer no plano conceitual, quer, ainda, no âmbito de desenvolvimento das próprias relações internacionais. A eventual impossibilidade jurídica de ulterior realização prática do título judicial condenatório, em decorrência da prerrogativa da imunidade de execução, não se revela suficiente para obstar, só por si, a instauração, perante Tribunais brasileiros, de processos de conhecimento contra Estados estrangeiros, notadamente quando se tratar de litígio de natureza trabalhista. Doutrina. Precedentes (STF-2ª T., AgR no RE 222368-PE, Rel. Min. Celso de Mello, *DJ* 14.2.2003, p. 70).

Em caso idêntico e no mesmo sentido: STF-1ª T., AgReg no AI 222368-DF, Rel. Min. Celso de Mello, *DJU* 29.3.1996, p. 9.348.

COMENTÁRIOS AO TEXTO DA EC 45, DE 8.12.2004   113

xadas, mas sua *longa manus,* como os consulados, ou outros organismos internacionais, como a OIT, a OEA, a Cruz Vermelha etc.

De todo modo, lembrando as lições de Del Vecchio,[22] é certo que as regras básicas de justiça são mundiais, internacionalizadas e tendentes a ser gerais, com pontos comuns em todas as regiões do globo terrestre. Não soa bem, neste diapasão, coonestar atos de injustiça, como a inobservância a direitos humanos, na espécie de direitos sociais. E muito menos se afigura adequado que um ente internacional, do porte e respeitabilidade dos organismos internacionais, preste-se a invocar sua pretensa imunidade diplomática para não pagar direitos trabalhistas tão básicos e cuja importância financeira se perde na sua capacidade orçamentária.

A imunidade é tema que requer a máxima atenção, porquanto envolve, a um só tempo, os requisitos básicos para o exercício de funções internacionalmente relevantes, reconhecidas em tratados internacionais, e a soberania nacional. O TST e o STF têm rejeitado a tese da imunidade de jurisdição em casos trabalhistas,[23] sobretudo na fase de conhecimento da ação. E, mesmo na fase de execução, o TST aponta a sua

22. Giorgio Del Vecchio, *A Justiça*, São Paulo, Saraiva, 1960, *passim.*

23. RECURSO ORDINÁRIO. AÇÃO RESCISÓRIA. IMUNIDADE DE JURISDIÇÃO. ORGANISMO INTERNACIONAL. PROCESSO DE CONHECIMENTO. 1 – Decisão rescindenda que afastou a imunidade de jurisdição a organismo internacional, entendendo competente a Justiça do Trabalho para processar e julgar o feito. 2 – Já não há mais discussão na jurisprudência que os Estados estrangeiros e os organismos internacionais não gozam de imunidade de jurisdição no processo de conhecimento (STF, ApCiv 9696-3, Rel. Min. Sydney Sanches; TST, SBDI-I, ERR-189280/95, Min. Rel. José Luiz Vasconcellos). 3 – Inexistente a violação do art. 114 da CF/88 e do art. 2º do Decreto 361/91, seja porque a Constituição Federal de 1988 em nada mudou o panorama relativo à imunidade de jurisdição, tendo apenas deslocado a competência para julgar as Reclamações Trabalhistas contra entes de direito público externo da Justiça Federal comum para a Justiça do Trabalho, seja porque a jurisprudência, em seguimento à orientação do STF, caminhou em sentido diametralmente oposto ao pretendido na presente Rescisória. Ademais, se há competência para se julgar, a questão acerca do acordo internacional positivado através do Decreto 361/91 ficaria restrita à sua interpretação, atraindo o óbice do Enunciado 83/ TST. Se o Estado estrangeiro não está imune, com muito mais razão um organismo internacional, que sequer é dotado de soberania. Efetivamente, recepcionados os tratados e acordos internacionais no nosso ordenamento jurídico como normas de natureza infraconstitucional, não se podem sobrepor à Constituição Federal. 4 – Recurso Ordinário a que se nega provimento (TST-SEDI-2, ROAR 754813/2001-6ª Reg., Recorrente: Instituto Interamericano de Cooperação para a Agricultura-IICA; Recorrido: Celso Luiz de Souza Pereira; Rel. Min. José Simpliciano Fernandes, *DJ* 5.9.2003).

114 REFORMA DO PODER JUDICIÁRIO

complexidade, negando a imunidade quando o ente público externo não renuncia a ela.[24]

Art. 114. (...)
II – as ações que envolvam exercício do direito de greve; (...)

Comentários – O exercício do direito de greve suscita uma série de efeitos, os legais previstos e imprevistos; os ilegais (penais); individuais e coletivos. Exclui-se da competência da JT só as ações de natureza penal.

As ações de natureza coletiva dizem respeito à legalidade da greve; à abusividade do movimento paredista; à necessidade de funcionamento dos serviços essenciais ou inadiáveis; do Ministério Público do Trabalho contra sindicatos ou empresas; do sindicato dos grevistas contra o sindicato dos patrões; do sindicato dos grevistas contra empresas,

24. REMESSA "EX OFFICIO". MANDADO DE SEGURANÇA. A presente remessa "ex officio" é incabível, em face do disposto na Orientação Jurisprudencial n. 72 da SBDI-1 desta colenda Corte. MANDADO DE SEGURANÇA. EXECUÇÃO CONTRA ESTADO ESTRANGEIRO. PENHORA DA RESIDÊNCIA OFICIAL DO CÔNSUL. IMUNIDADE DE EXECUÇÃO. Seguindo a orientação do STF, a jurisprudência dos Tribunais de todo o país já se pacificou no sentido de que os Estados e Organismos internacionais não gozam de imunidade de jurisdição na fase de conhecimento. No entanto, quando a questão diz respeito a execução, o tema suscita debates, quando inexistente renúncia, porque os Estados estrangeiros gozam de imunidade de execução. Na questão "sub judice" foi determinada a penhora sobre a residência oficial do Cônsul, cujo bem está integrado ao patrimônio estrangeiro e, por isso, afeto à representação consular, resultando vulnerado o direito líquido e certo do impetrante, consubstanciado no direito à imunidade de execução da qual é detentor. No caso, a execução deve ser paralisada, a fim de que se encontrem outros bens a serem penhorados, desde que sejam eles desafetos ao Consulado (TST-SEDI-2, Agr ROMS 62268-2002-900-02-00, Agte: Jorival Delmiro da Silva; Agdo: Consulado Geral da República da Coréia. Rel. Min. Emmanoel Pereira, *DJ* 27.2.2004). Para melhor explicitação, a decisão resumiu-se no seguinte: "Por unanimidade: I – não conhecer da Remessa "ex officio", por incabível; II – dar provimento ao recurso ordinário para conceder a segurança pleiteada, reconhecendo a imunidade de execução do Consulado Geral da República da Coréia, e afastar a constrição determinada pela autoridade apontada como coatora, paralisando definitivamente o processo de execução, a fim de que se encontrem outros bens a serem penhorados, desde que sejam eles desafetos ao Consulado. Prejudicado o exame do agravo regimental".
Ver, também: TST-SEDI-2, ROMS 553480/99-1ª Reg., Recorrentes: MPT-PRT-1ª Região e Consulado Geral da República da Venezuela; Recorrido: Antônio Ribeiro Dias (espólio de); Rel. Min. José Luciano de Castilho Pereira; *DJ* 4.5.2001, p. 374).

COMENTÁRIOS AO TEXTO DA EC 45, DE 8.12.2004 115

pugnando pelo cumprimento de cláusula convencional; de sindicato dos grevistas contra empresa, em face de atos anti-sindicais etc., de provimento efetivo ou cautelar. São ações de natureza constitutiva, declaratória ou executiva.

Dentre as ações de natureza individual pode-se alinhar, dentre outras: ação da empresa contra empregado grevista; de grevista contra a empresa; de trabalhador contra o sindicato dos grevistas; de terceiro prejudicado contra o sindicato; do sindicato contra empresa.

Quanto à competência funcional, três correntes se instalam: *a)* a que defende que a competência originária de todas as ações, individuais e coletivas, é do Tribunal Regional que jurisdiciona sobre a área sobre a qual se dá o dissídio, sob o fundamento de que os processos nas ações individuais serão conexas ou contidas aos de natureza coletiva; *b)* a que entende que as ações individuais e as coletivas são da competência das Varas, mesmo as que digam respeito a legalidade ou abusividade de greve; *c)* a que entende que as ações de natureza coletiva são da competência dos TRTs e as individuais das Varas.

A terceira corrente parece-nos compatibilizar-se mais com o modelo jurisdicional trabalhista, que confere aos Tribunais a competência para processar e julgar originariamente os dissídios coletivos.

E a greve no serviço público, a quem compete?

Não é sustentável o argumento de que todos os dissídios de greve sejam da competência da Justiça do Trabalho porque o inc. II do art. 114 da CF, não abre nenhuma exceção.

De fato, na previsão do art. 114 da CF, a Justiça do Trabalho é a competente para julgar todas as lides de relações de trabalho, inclusive envolvendo servidores públicos celetistas e estatutários, de todos os níveis do governo.

Entretanto, em face da liminar já referida, que excluiu a competência da JT para os estatutários, é razoável que, também as ações sobre greve, nos pontos em que se referem à relação com o órgão público reivindicado, sofrerão adaptação competencial, pois não seria lógico que os litígios individuais ficassem na alçada de uma Justiça e os de greve reivindicativa pertencessem a outro ramo do Judiciário, quando a natureza jurídica da relação-base é a mesma.

São várias as questões que se originam da greve, por isso a competência é variada, conforme a relação se identifique como de direito público ou de direito privado. De antemão, relembra-se que o sindicato dos servidores públicos é um ente de direito privado, e sua relação com o direito público só se identifica quando no confronto com o Poder Público.

Daí, pontuar-se que: *a)* quando os grevistas são celetistas, a competência para todas as questões é da JT; *b)* quando são parte estatutários e parte celetistas, a competência deve ser compartilhada: a JT será competente para a parte celetista e a Justiça comum o será em relação aos estatutários; *c)* mesmo em relação aos estatutários, são da competência da JT os dissídios oriundos do direito de greve que não digam respeito diretamente à relação com o órgão público, a exemplo dos dissídios envolvendo o sindicato e outro sindicato, o sindicato e algum dos membros da categoria, o sindicato e terceiro prejudicado, à validade da assembléia sindical etc.

Art. 114. (...)

III – as ações sobre representação sindical, entre sindicatos, entre sindicatos e trabalhadores, e entre sindicatos e empregadores; (...)

Comentários – Totalmente novo, este dispositivo põe no leito natural a questão sindical, que antes era submetida ao juízo da Justiça comum. De fato, não há o que discutir: a Justiça do Trabalho é que está melhor familiarizada com o direito laboral e, portanto, habilitada para solucionar esses conflitos.

Por sua vez, compreenda-se no termo "sindicato" todos os entes sindicais: sindicatos de empregados, de autônomos, de avulsos, de servidores públicos, de empregadores, federações, confederações, e, quiçá, até as centrais sindicais.

Cumpre esclarecer que os sindicatos dos servidores públicos estatutários também são entes de direito privado, competindo à Justiça do Trabalho processar e julgar as ações de representação sindical, entre sindicatos e entre sindicatos e trabalhadores. Excluem-se as ações entre o sindicato e o Poder Público, pelo menos enquanto vigir a liminar acima noticiada.

Destarte, não são poucas as disputas sindicais, seccionando-se o dispositivo sob comento assim:

a) ações sobre representação sindical – diversas vertentes se abrem da expressão *representação sindical,* valendo nomear algumas: legiti-

COMENTÁRIOS AO TEXTO DA EC 45, DE 8.12.2004

midade do processo eleitoral do sindicato; questionamento de Assembléia Geral; disputa de legitimidade de representação etc., inclusive todas essas questões em relação aos entes sindicais de nível superior;

b) entre sindicatos, também adjudica inúmeros afluentes, sendo oportuno destacar: a disputa por base territorial; os dissídios por enquadramento sindical; as ações pela execução de cláusulas de instrumento de negociação coletiva de natureza obrigacional; disputas sobre cisão de categorias etc.;

c) entre sindicatos e trabalhadores o conflito diz respeito: a filiação; às contribuições; às controvérsias envolvendo as prerrogativas de filiado ou de representado; às relações de trabalho avulso mediado pelo sindicato; aos empregados do sindicato; às relações entre sindicato patronal e empregador integrante da categoria econômica; também aqui comportam as disputas eleitorais para os cargos de direção e representação sindicais;

d) entre sindicatos e patrões o principal embate, dentre muitos outros, dá-se na exigência de descontos dos operários para repassar ao sindicato ou no recolhimento do imposto sindical em nome desta ou daquela categoria; cobrança de multa convencional; ações que visem a garantir a liberdade sindical.

Outrossim, os dissídios entre sindicatos patronais e os membros não-associados, da respectiva categoria, também são da competência da Justiça Obreira. Entram neste rol as ações de cobrança em geral, as referentes às liberdades sindicais e à autonomia sindical (mesmo que a ação seja contra o Estado, por interpretação lógica e sistemática da CF), as de restituição de indébito, de depósito judicial, de cumprimento de cláusulas normativas, que visem a obrigar uma entidade a cumprir convenção ou acordo coletivo, inclusive quanto à aplicação de multas previstas no instrumento coletivo

Art. 114. (...)

IV – os mandados de segurança, "habeas corpus" e "habeas data", quando o ato questionado envolver matéria sujeita à sua jurisdição; (...)

Comentários – A CLT não incluía o mandado de segurança na competência das Varas do Trabalho. Incluía-o, porém, na competência dos Tribunais do Trabalho, mas só para o fim único de atacar atos administrativos ou judiciais do Tribunal ou de Juízes, cf. art. 678, "a", 3, da CLT.

Mandado de Segurança:

Há muito defendíamos que a Lei 1.533/1951 é mais recente que o dispositivo celetista, prevalecendo seu comando, até porque se trata de uma ação de natureza constitucional, não se justificando privar o juízo trabalhista de primeiro grau dessa competência. Entretanto, nossa voz não encontrava eco nos tribunais. Finalmente, triunfou na Constituinte derivada. Agora, o cidadão poderá impetrar mandado de segurança perante o juízo trabalhista para defender o seu direito líquido e certo, de natureza trabalhista, lesado ou ameaçado por ato de autoridade.

Objeto – ato de autoridade lesivo de direito líquido e certo, não amparável por *habeas corpus* ou *habeas data*.

Ato de autoridade – é toda manifestação do Poder Público – Administração direta, indireta e pessoa natural ou jurídica com função delegada ou reconhecida pelo Poder Público.

Consideram-se autoridades os representantes ou órgãos dos partidos políticos e os representantes ou administradores das entidades autárquicas e das pessoas naturais e jurídicas com funções delegadas do poder público, somente no que entender com essas funções, ou a pretexto de exercê-la; bem como de autoridade legislativa e judiciária.

Não se admite o MS contra lei em tese e decisão judicial da qual caiba recurso específico apto a impedir a lesão.

Direito líquido e certo – é qualquer um dos catalogados no art. 5º da CF ou dele deduzível. Certo quanto à existência e determinado quanto ao objeto. A prova é pré-constituída – deve ser apresentada com a petição inicial, salvo documentos que estejam em poder do impetrado (art. 6º, par. único, Lei 1.533/1951). O prazo é de 120 dias. Decadencial. Depois disso, o direito só será defensável por meio de ação ordinária.

Sujeito ativo – pessoa física ou jurídica que tenha capacidade postulatória e seja titular do direito defendido; seja ele individual ou coletivo.

O MS Coletivo pode ser impetrado por: *a)* partido político com representação no Congresso Nacional; *b)* organização sindical, entidade de classe ou associação legalmente constituída e em funcionamento há pelo menos um ano, em defesa dos interesses de seus membros ou associados (art. 5º, LXX, "a" e "b", CF).

COMENTÁRIOS AO TEXTO DA EC 45, DE 8.12.2004   119

Sujeito passivo – é a pessoa jurídica em cujo nome agiu a autoridade coatora, pois sobre ela recairão os efeitos da decisão judicial, os quais só alcançarão os agentes públicos quando eles forem responsabilizáveis por dolo ou culpa (art. 37, 6º, CF).

Autoridade coatora – é quem pratica o ato impugnado ou ameaça fazê-lo, e contra quem será dirigida a intimação do *mandamus*. A autoridade coatora é aquela que possui, de fato e de direito, poderes para praticar o ato impugnado e dar efetivo cumprimento à ordem judicial no *writ*.

Juiz natural – para o MS em geral, competente é o juiz de primeira instância, com recurso para o TRT, salvo disposição em contrário, ou quando a autoridade coatora for juiz do trabalho.

"Habeas Corpus":

Em matéria sujeita à jurisdição trabalhista, compete à Justiça do Trabalho processar e julgar o *habeas corpus*. Os TRFs, o STJ e até o STF insistiam em que a competência para processá-lo era dos TRFs, quando a autoridade coatora fosse juiz do trabalho, ou do STJ quando o coator fosse juiz do TRT. Mas não era o que constava do art. 106, I, "d", da CF, que se referia a atos de juiz federal, no sentido estrito do termo. A EC 45 pôs a matéria no seu devido leito.

Competentes são os juízes do trabalho de 1ª instância quando o ato coator relacionar-se a relação de trabalho, como o cárcere privado e atos de autoridade adotados em função da relação de trabalho; contra prisão de trabalhador em face de atos trabalhistas; os TRTs, em relação a ato de juiz do trabalho de 1º grau, e do TST em relação a ato de TRT ou de seus membros.

Conceito – é uma ação de natureza constitucional, prevista no inciso LXVIII do art. 5º, destinada a garantir o direito de ir, vir e ficar, bem como contra constrangimento a isso ligado. É preventivo, para o caso de fundada ameaça; repressivo, para relaxar prisão já consumada; e usado ainda para trancar processo penal indevidamente instaurado. Esta última espécie escapa da competência trabalhista.

Características principais: *a)* pode ser impetrado por qualquer pessoa, para si, ou para outrem, independentemente de mandato e de advogado; *b)* direito tutelado: liberdade de locomoção (ir, vir ou ficar); *c)* sujeito ativo: quem tenha sua locomoção injustamente cerceada ou ameaçada; *d)* sujeito passivo: quem ilegalmente constrange ou ameaça a liberdade física de outrem.

120   REFORMA DO PODER JUDICIÁRIO

Sendo coatora pessoa particular, configura-se o crime de cárcere privado e pode ser prontamente solucionado pela intervenção policial (mas a jurisprudência tem acatado o HC).

Procedimentos – arts. 647 a 667 do Código de Processo Penal.

O raciocínio tecido para o mandado de segurança vale, também, para o *habeas data* (Lei 9.507/1997), sempre que os dados da informação tiverem pertinência com relação de trabalho, sejam eles mantidos pelo empregador ou por órgão público ou privado, desde que, nos casos privados, a informação se destine ao público, na forma de cadastro.

De todo modo, mais uma vez precisamos recorrer à interpretação para esclarecer que há outras ações de índole constitucional da alçada da Justiça do Trabalho. É o caso do mandado de injunção (art. 105, I, "h", CF) e da ação civil pública (art. 129, III, CF; art. 83, III, da Lei Complementar 75/1993). Inclui-se, aí, ainda, o mandado de segurança coletivo e, quando a pretensão for a moralidade administrativa ou o meio ambiente do trabalho, atendidos os demais requisitos constitucionais, a ação popular (art. 5º, LXXIII, CF). Particularmente, entendemos que a reparação civil, no caso de ato ofensivo ao princípio da moralidade pública, em sede de relação de trabalho, é da competência da Justiça do Trabalho. É o caso, p. ex., de gestores públicos que, por contratações viciadas de servidores ou nomeações políticas ilegais, precisarão reembolsar o erário ou responder civilmente por seus atos, incidentalmente a ações trabalhistas.

O rito processual destas ações será o da legislação especial, que trata de cada uma delas, acrescentando-se-lhes os princípios tuitivos do Processo do Trabalho, dentro do ambiente de compatibilidade processual (art. 769, CLT), cf. IN n. 27/2005, do TST.

Art. 114. (...)

V – os conflitos de competência entre órgãos com jurisdição trabalhista, ressalvado o disposto no art. 102, I, "o"; (...)

Comentários – Não é novidade. Assim já estava previsto na legislação ordinária – arts. 803 a 811 da Consolidação das Leis do Trabalho. E a ressalva já constava do texto constitucional. Traduzindo, significa que o conflito de competência entre órgãos da Justiça do Trabalho será

COMENTÁRIOS AO TEXTO DA EC 45, DE 8.12.2004

resolvido pelas instâncias trabalhistas hierarquicamente superiores; quando o conflito se der entre juízes de direito em função trabalhista, ou entre estes e juízes do trabalho, compete ao Tribunal Regional do Trabalho solucioná-lo; quando o conflito se der entre Tribunais Regionais do Trabalho, compete ao Tribunal Superior do Trabalho resolver.

Entretanto, quando o conflito se estabelecer entre juízes sujeitos a juízos diferentes, a controvérsia compete ao STJ, como, p. ex., o conflito entre juiz do trabalho e juiz federal ou juiz de direito discutindo se a relação é de direito do trabalho ou de direito administrativo.

Art. 114. (...)

VI – as ações de indenização por dano moral ou patrimonial, decorrentes da relação de trabalho; (...)

Comentários – A doutrina e a jurisprudência, a partir de decisões do STF (p. ex., o RE 238.737-4, 1ª Turma, Rel. Min. Sepúlveda Pertence, 17.11.1998), já haviam pacificado a matéria em relação ao dano com causa no *vínculo de emprego*. Mas foi ampliada para danos decorrentes do *vínculo de trabalho*. Por sua vez, ainda sobejavam alguma desconfiança e vários focos de resistência entre os juízes, comuns e do trabalho. Com a constitucionalização do preceito, resulta ampliado o raio de atuação do aparelho judicial trabalhista na seara das reparações de natureza civil.

Em relação às ações emergentes do acidente de trabalho, tem-se duas situações: *a)* permanecem na justiça estadual, residualmente (art. 109, I, CF; art. 643, § 2º, CLT), as ações acidentárias contra o órgão segurador; *b)* mas as ações indenizatórias contra o empregador, em face de dolo ou culpa deste, serão da competência da JT, por força do preceito sob comento. Aliás, essa já era a posição do STF, cristalizada na Súmula 763, editada em dezembro de 2003: "Compete à Justiça do Trabalho julgar as ações que tenham como causa de pedir o descumprimento de normas trabalhistas relativas à segurança, higiene e saúde dos trabalhadores".

Da mesma forma, e por idêntica razão, competem à JT as ações preventivas de acidente ou relativas ao meio ambiente de trabalho. A Súmula 15 do STJ há que ser afastada, dado que caiu em descompasso com o direito que brota do preceito sob análise e a Súmula 763 do STF.

Por fim, não é ocioso afirmar que não há mais nenhuma razão material ou lógica para que a ação acidentária, mesmo contra o órgão segurador, permaneça na competência da Justiça Comum estadual. Afinal, a feição da Justiça do Trabalho mudou completamente, e a matéria é, escancaradamente, decorrencial da relação de trabalho, senão ínsita a ela.

Decerto, a elevação da pessoa humana e sua dignidade à condição de valores maiores desvinculou os direitos meramente trabalhistas dos de cidadania. Da mesma forma, os danos morais não se confundem com os patrimoniais. Os primeiros decorrem da ofensa à dignidade da pessoa, caracterizada pelo estado de diminuição, de vergonha, de dor moral, em face de atos que, ainda que não atinjam a carne, dilaceram a alma. Já os danos materiais correspondem aos prejuízos sofridos, como pré-contratar e não consumar o contrato, frustrando o trabalhador de contratar com outra empresa; contratar, tirando o trabalhador de outra empresa, e despedi-lo logo depois; negar o direito de arena etc.

Como o contrato de trabalho gira em torno de pessoas e não de coisas, em que o único patrimônio envolvido é a força de trabalho, constitui um campo aberto a desrespeitos, humilhações e maus tratos. Essa nova categoria de direitos fundamentais (do trabalho) veio quebrar o tabu segundo o qual era normal o empregador destratar o empregado e abusar dele, assim como fora normal manter a escravidão em período anterior.

Daí, a EC haver posto no seu leito natural a competência para processar e julgar as ações de danos morais em face de atos perpetrados em razão do *vínculo de trabalho* em toda a sua dimensão. Outrossim, aplica-se o direito material comum, embora iluminado com os princípios cabíveis do direito obreiro.

Art. 114. (...)

VII – as ações relativas às penalidades administrativas impostas aos empregadores pelos órgãos de fiscalização das relações de trabalho; (...)

Comentários – Esta matéria é totalmente nova na Constituição, deslocada da competência da Justiça Federal para a do Trabalho, pondo-a no seu leito natural. De fato, as penalidades aplicadas pelos ór-

COMENTÁRIOS AO TEXTO DA EC 45, DE 8.12.2004   123

gãos de fiscalização do trabalho têm como suporte o descumprimento de normas trabalhistas, cujo processo consta dos arts. 626 a 642 da Consolidação das Leis do Trabalho; portanto, matéria afeta diretamente aos juízes do trabalho.

Na JT, destarte, poderão ser ajuizadas as ações, em geral, pertinentes às multas aplicadas pelos auditores fiscais do trabalho (ações ordinárias, mandados de segurança, cautelares, execuções fiscais etc.), perante a Vara do Trabalho.

Pelos termos utilizados pelo art. 114, VII, da CF ("as ações relativas às penalidades administrativas impostas aos empregadores pelos órgãos de fiscalização das relações de trabalho") não nos parece que os atos, em geral, das autoridades administrativas do trabalho sejam da competência da Justiça do Trabalho, mas, apenas, os decorrentes de *penalidades administrativas impostas aos empregadores* pelos órgãos do Ministério do Trabalho ou assemelhados. O termo "impostas", no entanto, não deve impressionar a ponto de entendermos que a medida judicial será sempre a *repressiva* (visando a corrigir ilegalidade ou abuso de poder já consumados). Na realidade, são perfeitamente admissíveis, nas mesmas circunstâncias, as medidas preventivas (destinadas a impedirem o cometimento de ilegalidade ou abuso de poder iminentes). Dois fundamentos nos impelem a esta compreensão: *a)* a razoabilidade, porque não faria sentido que as ações de cunho repressivo fossem ajuizadas em um Juízo e as de caráter preventivo em outro; e *b)* a ampla garantia de acesso ao Judiciário, inclusive no caso de mera ameaça de lesão a direito (art. 5º, XXXV, CF).

O texto constitucional menciona "as ações relativas às penalidades administrativas impostas aos empregadores pelos órgãos de fiscalização das relações de trabalho". O termo "relativo" confere uma amplitude considerável às espécies de ações ajuizáveis na Justiça do Trabalho. Tudo que for referente ou concernente às penalidades administrativas a que se reporta pode ensejar ação na Justiça Obreira. Esta pertinência, por conseguinte, é tanto a direta quanto a indireta. E abarca, ainda, a execução fiscal das multas aplicadas pelas DRTs, seguindo-se o rito da Lei 6.830/1980, com a observância dos regramentos gerais do Processo do Trabalho.

Compreendem as ações de impugnação aos autos de infração lavrados pelos órgãos de fiscalização do Trabalho; de impugnação às decisões administrativas relacionadas às penalidades aplicadas pelos

124 REFORMA DO PODER JUDICIÁRIO

referidos órgãos; aos embargos de obras determinados pelas autoridades competentes, bem como à execução das multas aplicadas pela fiscalização do trabalho e os incidentes daí emergentes.

Em relação aos atos do Ministério Público do Trabalho, entende o co-autor Francisco Meton Marques de Lima que só compreendem na esfera competencial da JT as ações de mandado de segurança, em face de inquérito civil público ou de solicitações ou determinações consideradas ofensivas a direito líquido e certo; e as demais que já decorrem do inciso I e do § 2º, ambos do art. 114, em se tratando de ação promovida ou passível de ajuizamento pelo MPT na Justiça do Trabalho (ação civil pública, ação anulatória etc.).

Art. 114. (...)

VIII – a execução, de ofício, das contribuições sociais previstas no art. 195, I, "a", e II, e seus acréscimos legais, decorrentes das sentenças que proferir;[25] (...)

Comentários – O texto deste inciso corresponde ao anterior § 3º do art. 114, incluído pela EC 20/1998 e agora suprimido.

A legislação ordinária, a exemplo da Lei 8.212/1991, já atribuía essa competência aos juízes do trabalho. Porém estes resistiam, ao argumento de que a Constituição não lhes dava essa competência. A EC 20 quebrou a resistência ao inserir no art. 114 da Constituição o § 3º. A conseqüência foi demais positiva para os cofres do INSS, registrando um vertiginoso aumento de arrecadação.

Mas o que não se previra foi o alcance dessa competência para executar as contribuições devidas, alusivas a todo vínculo de emprego reconhecido pela decisão trabalhista, condenatória ou homologatória,

---

25. Dispõe o art. 195 da CF: "Art. 195. A seguridade social será financiada por toda a sociedade, de forma direta e indireta, nos termos da lei, mediante recursos provenientes dos orçamentos da União, dos Estados, do Distrito Federal e dos Municípios, e das seguintes contribuições sociais: I – do empregador, da empresa e da entidade a ela equiparada na forma da lei, incidentes sobre: a) a folha de salários e demais rendimentos do trabalho pagos ou creditados, a qualquer título, à pessoa física que lhe preste serviço, mesmo sem vínculo empregatício; b) a receita ou o faturamento; c) o lucro; II – do trabalhador e dos demais segurados da previdência social, não incidindo contribuição sobre aposentadoria e pensão concedida pelo regime geral de previdência social de que trata o art. 201; III – sobre a receita de concursos de prognósticos". (*Redação dos incisos I e II dada pela EC 20, de 15.12.98.*)

COMENTÁRIOS AO TEXTO DA EC 45, DE 8.12.2004   125

que não constava da Carteira de Trabalho do operário. Foi o que aconteceu, o que é lógico, pois se a sentença declaratória da relação empregatícia é trabalhista, seus consectários têm que ser resolvidos nos mesmos autos perante a Justiça do Trabalho.

Por fim, o direito do trabalhador a aposentadoria, auxílio-doença, auxílio por acidente de trabalho, pensão por morte para os dependentes etc., funda-se nos recolhimentos previdenciários correspondentes aos períodos de vínculo de trabalho. Esses recolhimentos são registrados nos assentamentos dos trabalhadores e na Carteira de Trabalho e Previdência Social como pressupostos do direito aos benefícios da Previdência Social. E a atuação efetiva da Justiça do Trabalho nesse particular constitui uma das mais eficientes políticas de inclusão social e de cidadania.

Mas o mais importante deste dispositivo no contexto do novo art. 114 diz respeito à abrangência de outras relações de trabalho que não o simples contrato de emprego, cujos sujeitos também são segurados obrigatórios da Previdência Social. Com isso, a arrecadação do INSS pela via da Justiça do Trabalho aumentará sensivelmente.

Art. 114. (...)

IX – outras controvérsias decorrentes da relação de trabalho, na forma da lei. (...)

Comentários – Esse texto já constava da parte final da antiga redação do art. 114.

Destarte, essa expressão não se conflita com o inciso I do art. 114. O inciso I fala de ações *oriundas* da relação de trabalho; o inciso sob comento refere-se a outras controvérsias *decorrentes* da relação de trabalho. Portanto, o inciso I (*oriundas*) traduz imediatidade, origem direta, cuja matéria é automaticamente da Justiça do Trabalho; já o inciso IX (*decorrentes*) traduz mediatidade, entorno, relações conexas às relações de trabalho, que, só por lei poderão ser atribuídas à JT.

Outrossim, o conteúdo do inciso IX serve para albergar situações já consolidadas, tais como a competência para julgar as questões: *a)* entre empregados e empregadores, referentes aos depósitos do FGTS – art. 26 da Lei 8.036/1990; *b)* os dissídios sobre contratos de mãe-social – art. 20 da Lei 7.644/1987; *c)* de ação civil pública e ações coletivas

126 REFORMA DO PODER JUDICIÁRIO

trabalhistas; *d)* do cadastramento do trabalhador no PIS; *e)* das execuções dos termos de ajuste de conduta firmados perante o Ministério Público do Trabalho – art. 876 da CLT; *f)* de execução dos termos de acordo firmados perante as Comissões de Conciliação Prévia – art. 876 da CLT; *g)* dos embargos de terceiro; *h)* da ação de consignação em pagamento; e *i)* de tudo o que consta dos arts. 643 a 652 e 656 a 875 da CLT, e de outras leis especiais, atuais ou futuras.

17.1 Dissídio coletivo e poder normativo da Justiça do Trabalho

Art. 114. (...)

§ 1º. *Frustrada a negociação coletiva, as partes poderão eleger árbitros.*

§ 2º. **Recusando-se qualquer das partes à negociação coletiva ou à arbitragem, é facultado às mesmas, de comum acordo, ajuizar dissídio coletivo de natureza econômica, podendo a Justiça do Trabalho decidir o conflito, respeitadas as disposições mínimas legais de proteção ao trabalho, bem como as convencionadas anteriormente. (...)**

Comentários – A nova redação dada a esse preceptivo injetou-lhe duas novidades: *a)* tornou o dissídio coletivo de natureza econômica facultativo aos dissidentes; *b)* a preservação, nos julgamentos, das cláusulas convencionadas anteriormente.

Primeiro se esgota a negociação. Frustrada esta, poderão as partes eleger árbitros. Recusando-se qualquer das partes à negociação ou à arbitragem, é facultado às mesmas, de comum acordo, ajuizar dissídio coletivo de natureza econômica, podendo a Justiça do Trabalho decidir o conflito, "respeitadas as disposições mínimas legais de proteção ao trabalho, bem como as convencionadas anteriormente".

Ao decidir o conflito, a JT produz uma sentença normativa, emitindo comandos abstratos e genéricos, para observância obrigatória por todos os membros das categorias profissional e econômica em litígio. Ou seja, a liberdade de atuação da Justiça do Trabalho não pode suplantar disposições legais de proteção ao trabalho, a exemplo do direito a férias, a folga semanal, aos intervalos para descanso, à saúde, higiene e segurança do trabalho, ao salário mínimo, às contribuições sociais etc.

Por outro lado, inova ao determinar que sejam respeitadas as disposições *convencionadas anteriormente*, significando que as conquis-

COMENTÁRIOS AO TEXTO DA EC 45, DE 8.12.2004

tas trabalhistas havidas mediante as negociações coletivas e consolidadas no tempo incorporam-se aos contratos individuais de trabalho dos
membros da categoria.

Essa providência vem pôr fim à jurisprudência germinada no TST,
segundo a qual, em sede de dissídio coletivo, não se podia deferir cláusulas típicas de negociação coletiva. Esse entendimento resultava na
supressão de cláusulas até históricas. Dava-se que, ante o insucesso da
negociação coletiva, bloqueada em uma ou duas cláusulas, uma das
partes suscitava o dissídio coletivo do todo. Resultado, o Tribunal apre-
ciava as cláusulas em que se estabelecia a real controvérsia e indeferia
as que, embora a rigor não controvertidas, fossem típicas de negociação. Nem precisa dimensionar o prejuízo que isso vinha causando ao
direito coletivo do trabalho.

Como o dissídio de natureza econômica é facultativo às partes dissidentes, só as cláusulas realmente controvertidas serão levadas a juízo.
Certamente as cláusulas convencionais sociais e as históricas não serão
submetidas a juízo, salvo raras exceções; mas, se o forem, o Tribunal
respeitará as anteriormente convencionadas. Vejamos se os tribunais
apreendem o sentido desse novo texto constitucional.

Indaga: se uma das partes recusar-se à negociação, à arbitragem e
ao dissídio, como resolver o impasse? Se a categoria operária for forte,
decretará greve; mas se for fraca, ficará à mercê da parte adversa? Em
geral, quem está em vantagem não negocia e quem se recusa a negociar
também não dá a cabeça a prêmio num processo judicial. A greve não
interessa à sociedade, e a indiferença do mais forte gera injustiça. Logo,
parece-nos que a solução do constituinte derivado não se harmoniza
com a finalidade da Justiça, que é manter e restabelecer a paz social.

Dissídio coletivo de natureza jurídica – para esta modalidade a
Constituição não pôs o limite do "comum acordo". Logo, qualquer das
partes pode ajuizar dissídio coletivo de natureza jurídica independentemente da anuência da outra parte. Este dissídio tem por objeto a interpretação e o fiel cumprimento de cláusulas de natureza normativa ou
obrigacional firmadas nos instrumentos de negociação coletiva.

Art. 114. (...)

*§ 3º. Em caso de greve em atividade essencial, com
possibilidade de lesão do interesse público, o Ministério
Público do Trabalho poderá ajuizar dissídio coletivo, competindo à Justiça do Trabalho decidir o conflito.*

128 REFORMA DO PODER JUDICIÁRIO

Comentários – Também é novo o conteúdo deste parágrafo no Texto Constitucional. E representa mais uma porta pela qual o dissídio coletivo permanece ingressando na Justiça do Trabalho, porque ao decidir o dissídio de greve apreciará a matéria de fundo que motivou a greve. E essa sentença terá natureza normativa, vinculando todos os membros das categorias profissional e econômica desaventes.

Essa providência já constava do art. $8^{\underline{o}}$ da Lei 7.783/1989 (Lei de greve). Porém esse novo comando constitucional impôs limites à atuação do Ministério Público. Pela Lei 7.783, o Ministério Público do Trabalho e qualquer das partes podiam ajuizar o dissídio de greve, qualquer que fosse a natureza da greve. Agora, o MPT só poderá ajuizar o dissídio sob duas condições: *a)* se a greve se der em atividade essencial; *b)* e que se identifique a possibilidade de lesão do interesse público. Pode-se incluir também na atribuição do MPT: *c)* a ação quando a greve estiver prejudicando o atendimento às necessidades inadiáveis, embora não catalogadas na categoria de essenciais, por expressa similitude que lhes dá o art. 11, parágrafo único, da Lei 7.783/1989: "São necessidades inadiáveis da comunidade aquelas que, não atendidas, coloquem em perigo iminente a sobrevivência, a saúde ou a segurança da população".

Esse limite foi posto só à atuação do Ministério Público. As partes continuam com legitimidade para ajuizar dissídio de greve, dado que o ajuizamento *de comum acordo*, de que trata o § $2^{\underline{o}}$ acima comentado, diz respeito ao dissídio de natureza econômica.

Outras competências, sujeitas à apreciação da Câmara dos Deputados – A parte da PEC que retornou à Câmara dos Deputados acrescenta ainda à Justiça do Trabalho a competência para: *a)* os litígios que tenham origem no cumprimento de seus próprios atos e sentenças, inclusive coletivas; *b)* a execução de ofício das multas por infração à legislação trabalhista, reconhecida em sentença que proferir; *c)* a execução de ofício dos tributos federais incidentes sobre os créditos decorrentes das sentenças que proferir.

17.2 *Aplicação imediata da nova competência da Justiça do Trabalho*

A EC 45/2004, publicada no *DOU* de 31.12.2004, está em pleno vigor, modificando a competência material da Justiça do Trabalho e, por conseqüência, de outros órgãos do Judiciário (art. 114, CF; art. 87,

COMENTÁRIOS AO TEXTO DA EC 45, DE 8.12.2004　　129

CPC). Alcançou todas as situações jurídico-processuais no dia da sua publicação. Por ser norma de ordem pública, tem aplicação imediata, suprimindo competências da Justiça Comum e transferindo-as para a Justiça do Trabalho, de tal forma que aquele juízo ordinário, agora incompetente, não pode mais processar ditas ações.

E os atos processuais se regerão pelas normas disciplinadoras do Processo do Trabalho, como manda a regra de interpretação do Direito Processual (a lei aplicável é a do dia da prática do ato processual). Logo, todos os processos de competência da Justiça do Trabalho que se encontrarem noutro órgão judiciário devem ser remetidos, imediatamente, à Justiça Laboral, que lhes dará prosseguimento. Ditas ações terão seu procedimento adequado ao rito do Processo do Trabalho na situação em que se encontrarem, aproveitando-se os atos já praticados. Desse modo, todos os novos atos observarão a processualidade própria do rito trabalhista (prazos, forma, recursos etc.), com exceção das ações que tenham rito específico ditado por lei de impossível amoldação ao Processo do Trabalho, com é o caso das ações constitucionais (mandado de segurança, *habeas corpus* e *habeas data*).

As sentenças já proferidas na Justiça Comum (Estadual ou Federal) são válidas, cabendo recurso, se ainda no prazo estipulado pelo Processo do Trabalho (8 dias, em regra), às instâncias da Justiça do Trabalho, onde receberão o tratamento adequado à espécie. É a inteligência da Súmula 10 do STJ: "Instalada a JCJ, cessa a competência do Juiz de Direito em matéria trabalhista, inclusive para a execução das sentenças por ele proferidas".

Tendo transitado em julgado a sentença proferida na Justiça Comum ou estando ela em fase de execução, os autos serão remetidos à Justiça do Trabalho, onde a execução prosseguirá segundo o Processo do Trabalho, aproveitando-se os atos já praticados. É que a mudança na competência material atinge o processo de imediato, no ponto em que ele se encontra, inclusive se já estiver em fase de execução (art. 87, CPC).

Estando os autos no tribunal da Justiça Comum (TJ, TRF ou STJ), em grau de recurso, também serão encaminhados ao órgão correspondente da Justiça do Trabalho, onde o recurso receberá o tratamento do Processo Trabalhista.

Não há a necessidade de remessa de processos já findos e devidamente arquivados, ou aptos ao arquivo, posto encerrado o ofício jurisdicional.

18. Dos Tribunais Regionais do Trabalho e Juízes do Trabalho

Art. 115. *Os Tribunais Regionais do Trabalho compõem-se de, no mínimo, sete juízes, recrutados, quando possível, na respectiva região, e nomeados pelo Presidente da República dentre brasileiros com mais de trinta e menos de sessenta e cinco anos, sendo: (...)*

Comentários – A alteração consistiu na adaptação do mesmo texto adotado em relação aos Tribunais Regionais Federais, fixando em sete o número mínimo de membros da corte. Como a atual composição mínima é de oito membros, em face das leis que criou cada Tribunal, torna-se possível que o TST inicie projeto de Lei reduzindo ao mínimo constitucional os tribunais de menor movimento processual. Remetemos ao comentário ao art. 107.

Art. 115. *(...)*

I – um quinto dentre advogados com mais de dez anos de efetiva atividade profissional e membros do Ministério Público do Trabalho com mais de dez anos de efetivo exercício, observado o disposto no art. 94;

II – os demais, mediante promoção de juízes do trabalho por antigüidade e merecimento, alternadamente.

§ 1º. Os Tribunais Regionais do Trabalho instalarão a justiça itinerante, com a realização de audiências e demais funções de atividade jurisdicional, nos limites territoriais da respectiva jurisdição, servindo-se de equipamentos públicos e comunitários.

§ 2º. Os Tribunais Regionais do Trabalho poderão funcionar descentralizadamente, constituindo Câmaras regionais, a fim de assegurar o pleno acesso do jurisdicionado à justiça em todas as fases do processo.

Comentários – Idênticos preceitos foram incluídos nos arts. 107 e 125, em relação aos Tribunais Regionais Federais e aos Tribunais de Justiça dos Estados, respectivamente. Remetemos ao comentário ao art. 107.

COMENTÁRIOS AO TEXTO DA EC 45, DE 8.12.2004   131

Art. 116. Nas Varas do Trabalho, a jurisdição será exercida por um juiz singular.

Art. 117. (Revogado pela EC 24/1999, que extinguiu a representação classista.)

19. Dos Tribunais e Juízes Eleitorais

Art. 118. São órgãos da Justiça Eleitoral:

I – o Tribunal Superior Eleitoral;

II – os Tribunais Regionais Eleitorais;

III – os Juízes Eleitorais;

IV – as Juntas Eleitorais.

Art. 119. O Tribunal Superior Eleitoral compor-se-á, no mínimo, de sete membros, escolhidos:

I – mediante eleição, pelo voto secreto:

a) três juízes dentre os Ministros do Supremo Tribunal Federal;

b) dois juízes dentre os Ministros do Superior Tribunal de Justiça;

II – por nomeação do Presidente da República, dois juízes dentre seis advogados de notável saber jurídico e idoneidade moral, indicados pelo Supremo Tribunal Federal.

Parágrafo único. O Tribunal Superior Eleitoral elegerá seu Presidente e o Vice-Presidente dentre os Ministros do Supremo Tribunal Federal, e o Corregedor Eleitoral dentre os Ministros do Superior Tribunal de Justiça.

Art. 120. Haverá um Tribunal Regional Eleitoral na Capital de cada Estado e no Distrito Federal.

§ 1º. Os Tribunais Regionais Eleitorais compor-se-ão:

I – mediante eleição, pelo voto secreto:

a) de dois juízes dentre os desembargadores do Tribunal de Justiça;

b) de dois juízes dentre os juízes de direito, escolhidos pelo Tribunal de Justiça.

II – de um juiz dentre os membros do Tribunal Regional Federal com sede na capital do Estado ou no Distrito Federal, ou, não havendo, de juiz federal, escolhido, em qualquer caso, pelo Tribunal Regional Federal respectivo.

III – por nomeação, pelo Presidente da República, de dois juízes dentre seis advogados de notável saber jurídico e idoneidade moral, indicados pelo Tribunal de Justiça.

§ 2º. O Tribunal Regional Eleitoral elegerá seu Presidente e o Vice-Presidente dentre os desembargadores.

Art. 121. *Lei complementar disporá sobre a organização e competência dos tribunais, dos juízes de direito e das juntas eleitorais.*

§ 1º. Os membros dos tribunais, os juízes de direito e os integrantes das juntas eleitorais, no exercício de suas funções, e no que lhes for aplicável, gozarão de plenas garantias e serão inamovíveis.

§ 2º. Os juízes dos tribunais eleitorais, salvo motivo justificado, servirão por dois anos, no mínimo, e nunca por mais de dois biênios consecutivos, sendo os substitutos escolhidos na mesma ocasião e pelo mesmo processo, em número igual para cada categoria.

§ 3º. São irrecorríveis as decisões do Tribunal Superior Eleitoral, salvo as que contrariarem esta Constituição e as denegatórias de "habeas-corpus" ou mandado de segurança.

§ 4º. Das decisões dos Tribunais Regionais Eleitorais somente caberá recurso quando:

I – forem proferidas contra disposição expressa desta Constituição ou de lei;

II – ocorrer divergência na interpretação de lei entre dois ou mais tribunais eleitorais;

III – versarem sobre inelegibilidade ou expedição de diplomas nas eleições federais ou estaduais;

COMENTÁRIOS AO TEXTO DA EC 45, DE 8.12.2004   133

IV – anularem diplomas ou decretarem a perda de mandatos eletivos federais ou estaduais;

V – denegarem "habeas-corpus", mandado de segurança, "habeas-data" ou mandado de injunção.

20. Dos Tribunais e Juízes Militares

Art. 122. *São órgãos da Justiça Militar:*

I – o Superior Tribunal Militar;

II – os Tribunais e Juízes Militares instituídos por lei.

Art. 123. *O Superior Tribunal Militar compor-se-á de quinze Ministros vitalícios, nomeados pelo Presidente da República, depois de aprovada a indicação pelo Senado Federal, sendo três dentre oficiais-generais da Marinha, quatro dentre oficiais-generais do Exército, três dentre oficiais-generais da Aeronáutica, todos da ativa e do posto mais elevado da carreira, e cinco dentre civis.*

Parágrafo único. Os Ministros civis serão escolhidos pelo Presidente da República dentre brasileiros maiores de trinta e cinco anos, sendo:

I – três dentre advogados de notório saber jurídico e conduta ilibada, com mais de dez anos de efetiva atividade profissional;

II – dois, por escolha paritária, dentre juízes auditores e membros do Ministério Público da Justiça Militar.

Art. 124. *à Justiça Militar compete processar e julgar os crimes militares definidos em lei.*

Parágrafo único. A lei disporá sobre a organização, o funcionamento e a competência da Justiça Militar.

21. Dos Tribunais e Juízes dos Estados

Art. 125. *Os Estados organizarão sua Justiça, observados os princípios estabelecidos nesta Constituição.*

§ 1º. A competência dos tribunais será definida na Constituição do Estado, sendo a lei de organização judiciária de iniciativa do Tribunal de Justiça.

REFORMA DO PODER JUDICIÁRIO

§ 2º. *Cabe aos Estados a instituição de representação de inconstitucionalidade de leis ou atos normativos estaduais ou municipais em face da Constituição Estadual, vedada a atribuição da legitimação para agir a um único órgão.*

§ 3º. **A lei estadual poderá criar, mediante proposta do Tribunal de Justiça, a Justiça Militar estadual, constituída, em primeiro grau, pelos juízes de direito e pelos Conselhos de Justiça e, em segundo grau, pelo próprio Tribunal de Justiça, ou por Tribunal de Justiça Militar nos Estados em que o efetivo militar seja superior a vinte mil integrantes.** *(...)*

Comentários – As alterações consistiram na inclusão da expressão marcada, ou seja, o primeiro grau da Justiça Militar Estadual está sendo composto de dois órgãos: *a)* os juízes de direito para esse fim designados pelo Tribunal de Justiça; *b)* os Conselhos de Justiça.

Outra alteração a registrar é que o texto anterior verbalizava que só podiam constituir Tribunal de Justiça Militar os Estados em que o efetivo da *polícia militar* fosse superior a vinte mil integrantes. Na redação atual foi excluída a palavra *polícia*. Destarte, o efetivo militar pode não se restringir ao da polícia militar, mas incluir corpo de bombeiro militar etc.

Art. 125. (...)

§ 4º. *Compete à Justiça Militar estadual processar e julgar os militares dos Estados, nos crimes militares definidos em lei* **e as ações judiciais contra atos disciplinares militares, ressalvada a competência do júri quando a vítima for civil,** *cabendo ao tribunal competente decidir sobre a perda do posto e da patente dos oficiais e da graduação das praças. (...)*

Comentários – Foi suprimida a expressão *bombeiros militares*, utilizando-se a palavra genérica *militares*. E foi acrescentado o texto marcado, para atribuir ao Juízo militar a competência para as ações em que são questionados os atos disciplinares dos militares. Contudo, ressalva a competência das varas do júri quando o ato disciplinar decorre de conduta do militar atentatória contra a vida de civil.

COMENTÁRIOS AO TEXTO DA EC 45, DE 8.12.2004   135

Art. 125. (...)

§ 5º. Compete aos juízes de direito do juízo militar processar e julgar, singularmente, os crimes militares cometidos contra civis e as ações judiciais contra atos disciplinares militares, cabendo ao Conselho de Justiça, sob a presidência de juiz de direito, processar e julgar os demais crimes militares. (...)

Comentários – Essa regra trata da repartição de competência interna da primeira instância da Justiça Militar Estadual, distinguindo o que compete ao Juiz de Direito na função de juiz militar singular e ao Conselho de Justiça.

Art. 125. (...)

§ 6º. O Tribunal de Justiça poderá funcionar descentralizadamente, constituindo Câmaras regionais, a fim de assegurar o pleno acesso do jurisdicionado à justiça em todas as fases do processo.

§ 7º. O Tribunal de Justiça instalará a justiça itinerante, com a realização de audiências e demais funções da atividade jurisdicional, nos limites territoriais da respectiva jurisdição, servindo-se de equipamentos públicos e comunitários.

Comentários – Os preceitos textualizados nos §§ 6º e 7º foram acrescidos pela EC 45/2004 e são idênticos aos adotados em relação aos Tribunais Regionais Federais e aos Tribunais Regionais do Trabalho. Remetemos aos comentários feitos ao art. 107.

Art. 126. Para dirimir conflitos fundiários, o Tribunal de Justiça proporá a criação de varas especializadas, com competência exclusiva para questões agrárias. (...)

Comentários – O texto anterior dizia que o Tribunal de Justiça "designará juízes de entrância especial com a competência exclusiva para as questões agrárias". O atual dispõe que o Tribunal de Justiça proporá *a criação de varas especializadas* para as questões agrárias. Na verdade, são paliativos do que seria a Justiça Agrária. Decerto, à falta de Justiça Agrária especial, a reforma agrária arrasta-se há séculos, e a violência no campo não dá trégua, ao contrário, evolui para o conflito armado e as formas de trabalho escravo. As varas que deveriam fazer as vezes da Justiça Agrária têm funcionado ao contrário, dificultando a já tardia Reforma no campo.

> **Art. 126.** *(...)*
>
> *Parágrafo único. Sempre que necessário à eficiente prestação jurisdicional, o juiz far-se-á presente no local do litígio.*

22. Das funções essenciais à Justiça

As funções essenciais à Justiça compreendem o Ministério Público; a Advocacia Pública, esta subdividida em Advocacia-Geral da União, Procuradoria-Geral da Fazenda Nacional e Procuradorias dos Estados e do Distrito Federal; a Advocacia e a Defensoria Pública.

22.1 Do Ministério Público

> **Art. 127.** *O Ministério Público é instituição permanente, essencial à função jurisdicional do Estado, incumbindo-lhe a defesa da ordem jurídica, do regime democrático e dos interesses sociais e individuais indisponíveis.*
>
> *§ 1º. São princípios institucionais do Ministério Público a unidade, a indivisibilidade e a independência funcional.*
>
> *§ 2º. Ao Ministério Público é assegurada autonomia funcional e administrativa, podendo, observado o disposto no art. 169, propor ao Poder Legislativo a criação e extinção de seus cargos e serviços auxiliares, provendo-os por concurso público de provas ou de provas e títulos, a política remuneratória e os planos de carreira; a lei disporá sobre sua organização e funcionamento. (Redação dada pela EC 19/1998.)*
>
> *§ 3º. O Ministério Público elaborará sua proposta orçamentária dentro dos limites estabelecidos na lei de diretrizes orçamentárias.*

COMENTÁRIOS AO TEXTO DA EC 45, DE 8.12.2004 137

§ 4º. *Se o Ministério Público não encaminhar a respectiva proposta orçamentária dentro do prazo estabelecido na lei de diretrizes orçamentárias, o Poder Executivo considerará, para fins de consolidação da proposta orçamentária anual, os valores aprovados na lei orçamentária vigente, ajustados de acordo com os limites estipulados na forma do § 3º.*

§ 5º. *Se a proposta orçamentária de que trata este artigo for encaminhada em desacordo com os limites estipulados na forma do § 3º, o Poder Executivo procederá aos ajustes necessários para fins de consolidação da proposta orçamentária anual.*

§ 6º. *Durante a execução orçamentária do exercício, não poderá haver a realização de despesas ou a assunção de obrigações que extrapolem os limites estabelecidos na lei de diretrizes orçamentárias, exceto se previamente autorizadas, mediante a abertura de créditos suplementares ou especiais.*

Comentários – Idênticas regras foram incluídas no art. 99 em relação aos Tribunais. Remetemos o leitor aos comentários ali despendidos.

Art. 128. *O Ministério Público abrange:*

I – o Ministério Público da União, que compreende:

a) o Ministério Público Federal;

b) o Ministério Público do Trabalho;

c) o Ministério Público Militar;

d) o Ministério Público do Distrito Federal e Territórios;

II – os Ministérios Públicos dos Estados.

§ 1º. *O Ministério Público da União tem por chefe o Procurador-Geral da República, nomeado pelo Presidente da República dentre integrantes da carreira, maiores de trinta e cinco anos, após a aprovação de seu nome pela maioria absoluta dos membros do Senado Federal, para mandato de dois anos, permitida a recondução.*

§ 2º. *A destituição do Procurador-Geral da República, por iniciativa do Presidente da República, deverá ser prece-*

dida de autorização da maioria absoluta do Senado Federal.

§ 3º. Os Ministérios Públicos dos Estados e o do Distrito Federal e Territórios formarão lista tríplice dentre integrantes da carreira, na forma da lei respectiva, para escolha de seu Procurador-Geral, que será nomeado pelo Chefe do Poder Executivo, para mandato de dois anos, permitida uma recondução.

§ 4º. Os Procuradores-Gerais nos Estados e no Distrito Federal e Territórios poderão ser destituídos por deliberação da maioria absoluta do Poder Legislativo, na forma da lei complementar respectiva.

§ 5º. Leis complementares da União e dos Estados, cuja iniciativa é facultada aos respectivos Procuradores-Gerais, estabelecerão a organização, as atribuições e o estatuto de cada Ministério Público, observadas, relativamente a seus membros:

I – as seguintes garantias:

a) vitaliciedade, após dois anos de exercício, não podendo perder o cargo senão por sentença judicial transitada em julgado;

b) inamovibilidade, salvo por motivo de interesse público, mediante decisão do órgão colegiado competente do Ministério Público, pelo voto da maioria absoluta de seus membros, assegurada ampla defesa; (...)

Comentários – À semelhança dos juízes, a inovação consistiu em baixar o número de votos para remoção por interesse público, de dois terços para maioria absoluta.

Art. 128. (...)

c) irredutibilidade de subsídio, fixado na forma do art. 39, § 4º e ressalvado o disposto nos arts. 37, X e XI, 150, II, 153, III, 153, § 2º, I; (Redação dada pela EC 19/1998.)

II – as seguintes vedações:

a) receber, a qualquer título e sob qualquer pretexto, honorários, percentagens ou custas processuais;

COMENTÁRIOS AO TEXTO DA EC 45, DE 8.12.2004

b) exercer a advocacia;

c) participar de sociedade comercial, na forma da lei;

d) exercer, ainda que em disponibilidade, qualquer outra função pública, salvo uma de magistério;

e) exercer atividade político-partidária; (...)

Comentários – Esta alínea foi alterada pela EC 45/2004, equiparando o membro do Ministério Público ao juiz. Na redação anterior, constava a proibição de exercício de atividade político-partidária, com a expressão "salvo as exceções previstas na lei". A propósito, o art. 237 da Lei Complementar 75/1993 preceitua que é vedado ao membro do Ministério Público Federal: "V – exercer atividade político-partidária, ressalvada a filiação e o direito de afastar-se para exercer cargo eletivo ou a ele concorrer".

Por isso, os membros do MP podiam candidatar-se a cargos eletivos. Mas, com a nova redação, a vedação passa a ser total. Na verdade, é lógico que o fiscal da lei, das eleições, da propaganda eleitoral, do combate ao abuso do poder econômico etc. não possa filiar-se a partido político e candidatar-se, pois não se pode ser ao mesmo tempo ator da política e fiscal da lei eleitoral.

Contudo, consta do art. 5º da PEC n. 29-A, que retornou à Câmara dos Deputados, que "o membro do Ministério Público admitido antes da promulgação desta Emenda poderá exercer atividade político-partidária, na forma da lei". Segundo o entendimento do co-autor Francisco Meton Marques de Lima, esse permissivo não poderá ser aprovado, por ser incongruente com a proibição já imposta sem ressalvas pela EC 45/2004. O objetivo dessa reserva de privilégio, quiçá, incompatível com o cargo e injustificado nos dias atuais, referia-se à manutenção do privilégio dos membros do Ministério Público admitidos antes da EC 45 e constaria desta. Mas, como não fez parte integrante da EC 45, a ressalva em outra Emenda Constitucional não faz sentido. Uma vez instituída a vedação geral de atividade político-partidária em texto permanente, não será possível, do ponto de vista formal e de hierarquia de normas constitucionais, cassar essa proibição mediante disposição transitória inserida posteriormente. Da mesma forma, não se justifica cassar a proibição já imposta a todos e instituí-la, discriminatoriamente, para os futuros.

Já para o co-autor Francisco Gérson Marques de Lima, a previsão não constituiria novidade no âmbito das normas constitucionais – tal como ocorreu com a vedação aos membros do MP de exercerem a advocacia, por força da CF de 1988, sobretudo considerando a forma atabalhoada com que foi promulgada a EC 45/2004. Na verdade, o tema é, muito mais, político do que jurídico, merecendo o tratamento adequado pelas instâncias próprias.

De todo modo, é de se ressalvar que os membros do MP já ocupantes de cargos políticos, eleitos anteriormente à EC 45/2004, terão assegurado o mandato integral, posto se tratar de ato jurídico perfeito (a eleição, a diplomação, o exercício do cargo) e o direito adquirido (consistente na continuação do cargo, cujo ingresso se deu legalmente).

Art. 128. (...)

f) receber, a qualquer título ou pretexto, auxílios ou contribuições de pessoas físicas, entidades públicas ou privadas, ressalvadas as exceções previstas em lei; (...)

Comentários – Idêntica providência foi adotada em relação aos magistrados. Passa a ser proibida a exigência de ajudas das prefeituras nas comarcas do interior, como sói acontecer, porque isso põe em dúvida a independência do *parquet*. Vide comentários ao art. 95, parágrafo único, IV.

Art. 128. (...)

§ 6º. Aplica-se aos membros do Ministério Público o disposto no art. 95, parágrafo único, V.

Comentários – Este parágrafo foi acrescentado pela EC 45/2004, para equiparar o membro do MP aos magistrados. O dispositivo referido preceitua: "Aos juízes é vedado: (...) V – exercer a advocacia no juízo ou tribunal do qual se afastou, antes de decorridos três anos do afastamento do cargo por aposentadoria ou exoneração". É a denominada "quarentena", já comentada no art. 95, parágrafo único, V, a que remetemos o leitor.

Art. 129. São funções institucionais do Ministério Público:

COMENTÁRIOS AO TEXTO DA EC 45, DE 8.12.2004 141

I – promover, privativamente, a ação penal pública, na forma da lei;

II – zelar pelo efetivo respeito dos Poderes Públicos e dos serviços de relevância pública aos direitos assegurados nesta Constituição, promovendo as medidas necessárias a sua garantia;

III – promover o inquérito civil e a ação civil pública, para a proteção do patrimônio público e social, do meio ambiente e de outros interesses difusos e coletivos;

IV – promover a ação de inconstitucionalidade ou representação para fins de intervenção da União e dos Estados, nos casos previstos nesta Constituição;

V – defender judicialmente os direitos e interesses das populações indígenas;

VI – expedir notificações nos procedimentos administrativos de sua competência, requisitando informações e documentos para instruí-los, na forma da lei complementar respectiva;

VII – exercer o controle externo da atividade policial, na forma da lei complementar mencionada no artigo anterior;

VIII – requisitar diligências investigatórias e a instauração de inquérito policial, indicados os fundamentos jurídicos de suas manifestações processuais;

IX – exercer outras funções que lhe forem conferidas, desde que compatíveis com sua finalidade, sendo-lhe vedada a representação judicial e a consultoria jurídica de entidades públicas.

§ 1º. A legitimação do Ministério Público para as ações civis previstas neste artigo não impede a de terceiros, nas mesmas hipóteses, segundo o disposto nesta Constituição e na lei.

*§ 2º. As funções do Ministério Público só podem ser exercidas por integrantes da carreira, que deverão residir na comarca da respectiva lotação, **salvo autorização do chefe da instituição**. (...)*

Comentários – A alteração marcada, ao mesmo tempo em que abre a possibilidade de o membro do Ministério Público residir fora da comarca de sua lotação, inibe que essa prática aconteça sem o conhecimento formal do chefe da instituição. Por outro lado, para que isso aconteça, é necessário co-responsabilizar o chefe, que, por sua vez, só concederá a autorização quando isso não prejudicar o interesse público.

Como todo ato discricionário, a autorização deve ser motivada e calcada sempre no interesse público. De fato, há comarcas que não proporcionam segurança nem a mínima estrutura de moradia, e residir na cidade contígua, próxima em distância, não resulta prejuízo para o jurisdicionado; muitas vezes o promotor acumula comarcas; outras vezes sua passagem pela comarca se prenuncia muito transitória, em face dos processos de remoção e promoção, não compensando as despesas ao erário com as mudanças. Idêntica providência foi adotada em relação aos juízes, conforme comentado no inciso VII do art. 93.

Por chefe da instituição deve-se entender o *chefe de cada ramo* do Ministério Público. É que cada um dos ramos do MP possui seu chefe, sob a denominação de Procurador-Geral (do MPF, do MPT, do MPE). Não tem a disposição o desiderato de atribuir este poder ao Chefe das Procuradorias Regionais, que, na realidade, não tem nenhuma hierarquia administrativa sobre os demais membros locais. A estrutura do MPU é centralizada nas Procuradorias-Gerais, em Brasília.

> **Art. 129. (...)**
>
> § 3º. *O ingresso na carreira do Ministério Público far-se-á mediante concurso público de provas e títulos, assegurada a participação da Ordem dos Advogados do Brasil em sua realização, **exigindo-se do bacharel em direito, no mínimo, três anos de atividade jurídica** e observando-se, nas nomeações, a ordem de classificação. (...)*

Comentários – A Reforma acrescentou a este parágrafo a expressão marcada, para equiparar as condições de ingresso nos quadros do Ministério Público às mesmas adotadas para ingresso na Magistratura. Por isso remetemos aos comentários ao art. 93, I.

> **Art. 129. (...)**
>
> **§ 4º. Aplica-se ao Ministério Público, no que couber, o disposto no art. 93. (...)**

COMENTÁRIOS AO TEXTO DA EC 45, DE 8.12.2004   143

Comentários – O texto anterior mandava aplicar ao MP só os incisos II e VI do art. 93. Esses incisos tratam, respectivamente, das regras de promoção e de aposentadoria. A alteração consistiu na remissão ao todo, que compreende o *caput* do art. 93 e 16 incisos. A matéria é vasta, recheada de novidades e ainda muito nebulosa. Remetemos aos comentários ao art. 93. Resulta em parte repetitivo, posto que vários dos incisos do art. 93 já foram repetidos, cf. registramos nos comentários supra.

Art. 129. (...)

§ 5º. A distribuição de processos no Ministério Público será imediata.

Comentários – Idêntica providência já foi adotada em relação ao Poder Judiciário, conforme art. 93, XV, comentado.

Art. 130. Aos membros do Ministério Público junto aos Tribunais de Contas aplicam-se as disposições desta seção pertinentes a direitos, vedações e forma de investidura.

Art. 130-A. O Conselho Nacional do Ministério Público compõe-se de quatorze membros nomeados pelo Presidente da República, depois de aprovada a escolha pela maioria absoluta do Senado Federal, para um mandato de dois anos, admitida uma recondução, sendo:

I – o Procurador-Geral da República, que o preside;

II – quatro membros do Ministério Público da União, assegurada a representação de cada uma de suas carreiras;

III – três membros do Ministério Público dos Estados;

IV – dois juízes, indicados um pelo Supremo Tribunal Federal e outro pelo Superior Tribunal de Justiça;

V – dois advogados, indicados pelo Conselho Federal da Ordem dos Advogados do Brasil;

VI – dois cidadãos de notável saber jurídico e reputação ilibada, indicados um pela Câmara dos Deputados e outro pelo Senado Federal.

144 REFORMA DO PODER JUDICIÁRIO

§ *1º. Os membros do Conselho oriundos do Ministério Público serão indicados pelos respectivos Ministérios Públicos, na forma da lei. (...)*

Comentários – O CNMP é o órgão de controle externo do Ministério Público. Aqui não se teve o mesmo cuidado que se adotou em relação ao Conselho Nacional de Justiça, que foi inserido como órgão integrante do Poder Judiciário.

O CNMP é composto de catorze membros, sendo oito oriundos do Ministério Público, dois juízes, dois advogados e dois cidadãos. A exemplo do que comentamos a respeito do Conselho Nacional de Justiça, trata-se de um órgão de cúpula, sem garantia de participação democrática nem dentre as classes que o integrarão, muito menos da sociedade.

O Procurador-Geral da República é membro nato; quatro de seus membros provêm do Ministério Público da União – um do MP Federal, um do MP do Trabalho, um do MP Militar e um do MP do Distrito Federal e Territórios –, todos esses quatro indicados a partir de eleições realizadas pelas respectivas associações; os dois juízes, um é indicado pelo STF e outro pelo STJ. Por juiz entenda-se o magistrado vitalício de qualquer grau de jurisdição. A indicação feita pelo STJ tenderá a recair sobre membros da Justiça Federal, mas não necessariamente; a indicação feita pelo STF tenderá a recair sobre membros da Justiça Comum, do Trabalho ou Militar. Tanto o STF como o STJ poderão louvar-se em listas indicadas pelas respectivas associações de juízes, o que dará mais legitimidade à representação; os dois advogados serão indicados pelo Conselho Federal da OAB, o qual, não obstante, poderá democratizar a escolha mediante eleições realizadas pelas seccionais; os dois cidadãos serão indicados, um pelo Senado e outro pela Câmara dos Deputados.

Sua instituição em nível nacional para intervenção no âmbito dos Estados padece de inconstitucionalidade sob vários aspectos: *a)* do ponto de vista formal, fere a cláusula impeditiva de Emenda Constitucional de que trata o art. 60, § 4º, I, porque tende a abolir a forma federativa de Estado; *b)* sob o aspecto material, agride o princípio federativo, visto invadir o núcleo da esfera de autonomia dos entes federados, cf. arts. 1º, *caput*, e 18.

Contudo, abstraindo esses dados, a sociedade estava a reclamar a presença desse órgão, para coibir os eventuais abusos de membros do

COMENTÁRIOS AO TEXTO DA EC 45, DE 8.12.2004

Ministério Público e em face da leniência e do corporativismo dos órgãos disciplinares.

Ver, a respeito, os comentários ao art. 93-B, sobre o Conselho Nacional de Justiça.

Art. 130-A. (...)

§ 2º. Compete ao Conselho Nacional do Ministério Público o controle da atuação administrativa e financeira do Ministério Público e do cumprimento dos deveres funcionais de seus membros, cabendo-lhe:

I – zelar pela autonomia funcional e administrativa do Ministério Público, podendo expedir atos regulamentares, no âmbito de sua competência, ou recomendar providências;

II – zelar pela observância do art. 37 e apreciar, de ofício ou mediante provocação, a legalidade dos atos administrativos praticados por membros ou órgãos do Ministério Público da União e dos Estados, podendo desconstituí-los, revê-los ou fixar prazo para que se adotem as providências necessárias ao exato cumprimento da lei, sem prejuízo da competência dos Tribunais de Contas;

III – receber e conhecer das reclamações contra membros ou órgãos do Ministério Público da União ou dos Estados, inclusive contra seus serviços auxiliares, sem prejuízo da competência disciplinar e correicional da instituição, podendo avocar processos disciplinares em curso, determinar a remoção, a disponibilidade ou a aposentadoria com subsídios ou proventos proporcionais ao tempo de serviço e aplicar outras sanções administrativas, assegurada ampla defesa;

IV – rever, de ofício ou mediante provocação, os processos disciplinares de membros do Ministério Público da União ou dos Estados julgados há menos de um ano;

V – elaborar relatório anual, propondo as providências que julgar necessárias sobre a situação do Ministério Público no País e as atividades do Conselho, o qual deve integrar a mensagem prevista no art. 84, XI. (...)

146 REFORMA DO PODER JUDICIÁRIO

Comentários – O Ministério Público estava a exigir um órgão de controle financeiro e orçamentário, pois só os Tribunais de Contas não são suficientes. Quanto mais controle melhor.

O controle dos deveres funcionais impõe-se em face do princípio da autonomia funcional de cada membro do MP, que muitas vezes resvala para a arbitrariedade ou para a irresponsabilidade no cumprimento dos deveres. Por sua vez, compreendem deveres funcionais os constantes do art. 129 da Constituição, da Lei Orgânica do Ministério Público (Lei 8.625/1993) e do Estatuto do Ministério Público da União (Lei Complementar 75/1993). Da mesma forma, o decoro funcional também compreende os deveres do membro do MP. Com efeito, a sociedade não admite custear uma autoridade que não cumpra com seus deveres e não guarde conduta condizente com o cargo. A propósito, vejamos o elenco dos deveres constantes da LC 75/1993:

Dos Deveres e Vedações

Art. 236. O membro do Ministério Público da União, em respeito à dignidade de suas funções e à da Justiça, deve observar as normas que regem o seu exercício e especialmente:

I – cumprir os prazos processuais;

II – guardar segredo sobre assunto de caráter sigiloso que conheça em razão do cargo ou função;

III – velar por suas prerrogativas institucionais e processuais;

IV – prestar informações aos órgãos da administração superior do Ministério Público, quando requisitadas;

V – atender ao expediente forense e participar dos atos judiciais, quando for obrigatória a sua presença; ou assistir a outros, quando conveniente ao interesse do serviço;

VI – declarar-se suspeito ou impedido, nos termos da lei;

VII – adotar as providências cabíveis em face das irregularidades de que tiver conhecimento ou que ocorrerem nos serviços a seu cargo;

VIII – tratar com urbanidade as pessoas com as quais se relacione em razão do serviço;

IX – desempenhar com zelo e probidade as suas funções;

X – guardar decoro pessoal.

Art. 237. É vedado ao membro do Ministério Público da União:

COMENTÁRIOS AO TEXTO DA EC 45, DE 8.12.2004   147

I – receber, a qualquer título e sob qualquer pretexto, honorários, percentagens ou custas processuais;

II – exercer a advocacia;

III – exercer o comércio ou participar de sociedade comercial, exceto como cotista ou acionista;

IV – exercer, ainda que em disponibilidade, qualquer outra função pública, salvo uma de magistério;

V – exercer atividade político-partidária, ressalvada a filiação e o direito de afastar-se para exercer cargo eletivo ou a ele concorrer.

O detalhamento nos itens I a VI é idêntico ao adotado no art. 103-B, § 4º, para onde remetemos o leitor.

Art. 130-A. (...)

§ 3º. O Conselho escolherá, em votação secreta, um Corregedor nacional, dentre os membros do Ministério Público que o integram, vedada a recondução, competindo-lhe, além das atribuições que lhe forem conferidas pela lei, as seguintes:

I – receber reclamações e denúncias, de qualquer interessado, relativas aos membros do Ministério Público e dos seus serviços auxiliares;

II – exercer funções executivas do Conselho, de inspeção e correição geral;

III – requisitar e designar membros do Ministério Público, delegando-lhes atribuições, e requisitar servidores de órgãos do Ministério Público.

§ 4º. O Presidente do Conselho Federal da Ordem dos Advogados do Brasil oficiará junto ao Conselho.

§ 5º. Leis da União e dos Estados criarão ouvidorias do Ministério Público, competentes para receber reclamações e denúncias de qualquer interessado contra membros ou órgãos do Ministério Público, inclusive contra seus serviços auxiliares, representando diretamente ao Conselho Nacional do Ministério Público.

Comentários – A matéria dos §§ 3º a 5º é idêntica à do art. 103-B, §§ 5º e 7º, já comentada.

22.2 Da Advocacia Pública

Art. 131. *A Advocacia-Geral da União é a instituição que, diretamente ou através de órgão vinculado, representa a União, judicial e extrajudicialmente, cabendo-lhe, nos termos da lei complementar que dispuser sobre sua organização e funcionamento, as atividades de consultoria e assessoramento jurídico do Poder Executivo.*

§ 1º. *A Advocacia-Geral da União tem por chefe o Advogado-Geral da União, de livre nomeação pelo Presidente da República dentre cidadãos maiores de trinta e cinco anos, de notável saber jurídico e reputação ilibada.*

§ 2º. *O ingresso nas classes iniciais das carreiras da instituição de que trata este artigo far-se-á mediante concurso público de provas e títulos.*

§ 3º. *Na execução da dívida ativa de natureza tributária, a representação da União cabe à Procuradoria-Geral da Fazenda Nacional, observado o disposto em lei.*

Art. 132. *Os Procuradores dos Estados e do Distrito Federal, organizados em carreira, na qual o ingresso dependerá de concurso público de provas e títulos, com a participação da Ordem dos Advogados do Brasil em todas as suas fases, exercerão a representação judicial e a consultoria jurídica das respectivas unidades federadas. (Redação dada pela EC 19/1998.)*

Parágrafo único. Aos procuradores referidos neste artigo é assegurada estabilidade após três anos de efetivo exercício, mediante avaliação de desempenho perante os órgãos próprios, após relatório circunstanciado das corregedorias. (Redação dada pela EC 19/1998.)

22.3 Da Advocacia e da Defensoria Pública

Art. 133. *O advogado é indispensável à administração da justiça, sendo inviolável por seus atos e manifestações no exercício da profissão, nos limites da lei.*

Art. 134. *A Defensoria Pública é instituição essencial à função jurisdicional do Estado, incumbindo-lhe a orienta-*

COMENTÁRIOS AO TEXTO DA EC 45, DE 8.12.2004   149

ção jurídica e a defesa, em todos os graus, dos necessitados, na forma do art. 5º, LXXIV.

§ 1º. Lei complementar organizará a Defensoria Pública da União e do Distrito Federal e dos Territórios e prescreverá normas gerais para sua organização nos Estados, em cargos de carreira, providos, na classe inicial, mediante concurso público de provas e títulos, assegurada a seus integrantes a garantia da inamovibilidade e vedado o exercício da advocacia fora das atribuições institucionais. Esse era o antigo parágrafo único.

§ 2º. Às Defensorias Públicas Estaduais são asseguradas autonomia funcional e administrativa, e a iniciativa de sua proposta orçamentária dentro dos limites estabelecidos na lei de diretrizes orçamentárias e subordinação ao disposto no art. 99, § 2º.

Comentários – Este § 2º foi acrescentado pela EC 45/2004. É a sonhada autonomia das Defensorias Públicas. Trata-se de uma antiga reivindicação das Defensorias Públicas, que, neste aspecto, passam a equiparar-se ao Judiciário e ao Ministério Público. É verdade que não haverá efetividade de atuação do órgão sem a correspondente autonomia funcional, administrativa e orçamentária.

O problema maior é que nem todos os Estados instituíram sua Defensoria Pública como órgão autônomo. O Estado de São Paulo, por exemplo, presta a assistência jurídica aos pobres por meio de órgãos da Procuradoria do Estado. Logo, quando não houver Defensoria constituída, esse preceito será de eficácia contida.

Art. 135. Os servidores integrantes das carreiras disciplinadas nas Seções II e III deste Capítulo serão remunerados na forma do art. 39, § 4º. (Redação dada pela EC 19/1998.)

22.3.1 Dotações orçamentárias

Art. 168. Os recursos correspondentes às dotações orçamentárias, compreendidos os créditos suplementares e especiais, destinados aos órgãos dos Poderes Legislativo e

150 REFORMA DO PODER JUDICIÁRIO

Judiciário, do Ministério Público e da Defensoria Pública, ser-lhes-ão entregues até o dia 20 de cada mês, em duodécimos, na forma da lei complementar a que se refere o art. 165, § 9º.

Comentários – A alteração desse artigo consistiu na inclusão da Defensoria Pública dentre as instituições que devem receber o repasse de suas cotas orçamentárias até o dia 20 de cada mês. Essa providência vem complementar o preceituado no § 2º do art. 134, que confere autonomia ao órgão.

23. Normas gerais veiculadas pela EC 45/2004 e que não se incorporam ao texto permanente da Constituição

Art. 3º. A lei criará o Fundo de Garantia das Execuções Trabalhistas, integrado pelas multas decorrentes de condenações trabalhistas e administrativas oriundas da fiscalização do trabalho, além de outras receitas.

Comentários – Este Fundo representará uma revolução na finalização da prestação jurisdicional, dado que é exatamente aqui onde se identifica o calcanhar de Aquiles da jurisdição trabalhista. Este preceito não é auto-aplicável, necessitando de regulamentação legal, quiçá, muito complexa, porque consistirá em descontingenciar receitas fiscais que hoje têm outra destinação para afetá-las ao FUNGET, bem como normatizar a viabilização de recuperação dos créditos para o FUNGET. Este modelo é similar ao espanhol e já consta de Projeto de Lei, em tramitação na Câmara dos Deputados.

No Direito espanhol, prevê-se o *Fondo de Garantía Salarial* (*FOGASA*), cuja definição é a seguinte: é um organismo autônomo de caráter administrativo, pertencente ao Ministério do Trabalho, que garante aos trabalhadores, em determinadas condições e limites, a percepção de seus salários, incluídos os de tramitação processual (vencidos e vincendos), assim como as indenizações por rescisão contratual, os pendentes de pagamento por causa de insolvência, suspensão de pagamento salarial, falência ou concurso de credores da empresa, bem ainda outros regulados por lei. A lei básica, na Espanha, é o Real Decreto 505, de 6.3.1985, e o Estatuto dos Trabalhadores (art. 33). Desse

COMENTÁRIOS AO TEXTO DA EC 45, DE 8.12.2004 151

modo, o exeqüente recebe valor pecuniário do Fundo, que se sub-roga perante a empresa devedora, nos direitos e ações, pelo valor que pagou ao credor originário. A execução desta quantia, então, será levada a cobro pelo FOGASA, com todas as prerrogativas inerentes à Fazenda Pública federal.

> **Art. 4º. Ficam extintos os tribunais de Alçada, onde houver, passando os seus membros a integrar os Tribunais de Justiça dos respectivos Estados, respeitadas a antiguidade e classe de origem. (...)**

Comentários – Vide comentários ao art. 93, III. Respeitadas a antigüidade e a classe de origem, significa que os membros que já compunham o Tribunal de Justiça antes da incorporação de Tribunal de Alçada mantém a antigüidade em relação aos juízes recém incorporados. Por sua vez, os novéis incorporados levam, em relação ao bloco dos novos, suas posições anteriores. E os membros oriundos do Ministério Público e da OAB vão compor as cotas constitucionais do Tribunal de Justiça reservadas a essas classes.

> *Art. 4º. (...)*
>
> *Parágrafo único. No prazo de cento e oitenta dias, contados da promulgação desta Emenda, os Tribunais de Justiça, por ato administrativo, promoverão a integração dos membros dos tribunais extintos em seus quadros, fixando-lhes a competência e remetendo, em igual prazo, ao Poder Legislativo, proposta de alteração da organização e da divisão judiciária correspondentes, assegurados os direitos dos inativos e pensionistas e o aproveitamento dos servidores no Poder Judiciário estadual.*

Comentários – Cumpre salientar que poucos Estados admitiam Tribunais de Alçada em sua organização judiciária. Com a Reforma, os poucos ainda existentes serão incorporados aos Tribunais de Justiça. O Constituinte já pré-fixou o prazo máximo de incorporação definitiva, redistribuindo competências e pessoal, o que será feito mediante ato administrativo do Tribunal de Justiça. Em igual prazo serão remetidas

152 REFORMA DO PODER JUDICIÁRIO

ao Poder Legislativo propostas de alteração da divisão judiciária estadual onde ocorrer essa fusão.

Como a Emenda entrou em vigor em 31.12.2004, o prazo vai até 30 de junho de 2005.

Decerto serão necessárias alterações nas Constituições Estaduais e na legislação da Organização Judiciária.

> **Art. 5º. O Conselho Nacional de Justiça e o Conselho Nacional do Ministério Público serão instalados no prazo de cento e oitenta dias a contar da promulgação desta Emenda, devendo a indicação ou escolha de seus membros ser efetuada até trinta dias antes do termo final. (...)**

Comentários – 180 dias é o prazo máximo fixado, significando dizer que poderá instalar-se a qualquer momento dentro desse prazo, ou seja, até 30 de junho de 2005, sendo que a escolha de seus membros será feita até 31 de maio de 2005.

> **Art. 5º. (...)**
>
> **§ 1º. Não efetuadas as indicações e escolha dos nomes para os Conselhos Nacional de Justiça e do Ministério Público dentro do prazo fixado no caput deste artigo, caberá, respectivamente, ao Supremo Tribunal Federal e o Ministério Público da União realizá-las. (...)**

Comentários – O CNJ compõe-se de 15 membros, indicados: três pelo STF (um ministro do STF, um desembargador e um juiz de direito), três pelo STJ (um ministro do STJ, um juiz de TRF e um juiz federal) e três pelo TST (um ministro do TST, um juiz de TRT e um juiz do trabalho); dois pelo Procurador Geral de República (um do Ministério Público da União e outro do Ministério Público dos Estados); dois pelo Congresso Nacional e dois pelo Conselho Federal da OAB. O mandato é de dois anos, admitida uma recondução.

O CNMP compõe-se de 14 membros: o Procurador-Geral da República; quatro membros do Ministério Público da União (Federal, do Trabalho, Militar e do Distrito Federal e Territórios); três membros do

COMENTÁRIOS AO TEXTO DA EC 45, DE 8.12.2004   153

Ministério Público dos Estados; dois juízes, indicados um pelo STF e outro pelo STJ; e dois cidadãos, indicados um pela Câmara dos Deputados e outro pelo Senado Federal. O mandato é de dois anos, admitida uma recondução.

Como os processos de escolha de algumas classes serão complexos e envolverão disputas acirradas, poderão faltar algumas indicações no prazo supra. E para não frustrar a instalação e o funcionamento dos citados órgãos, foi delegado ao STF e ao MPU o poder de escolha dos membros faltantes. Os indicados nessas circunstâncias cumprirão o mandato integral de dois anos, embora para a recondução sejam submetidos ao devido processo de indicação.

Art. 5º. (...)

§ 2º. Até que entre em vigor o Estatuto da Magistratura, o Conselho Nacional de Justiça, mediante resolução, disciplinará seu funcionamento e definirá as atribuições do Ministro-Corregedor.

Comentários – O CNJ será disciplinado pelo Estatuto da Magistratura preconizado no art. 93, de iniciativa do STF, que nunca foi votado, regendo a matéria a Lei Complementar 35/1979, no que não for incompatível com a Constituição.

Entretanto, enquanto não entrar em vigor o Estatuto da Magistratura, por delegação do Constituinte derivado, o CNJ disciplinará, mediante resolução, seu funcionamento e definirá as atribuições do Corregedor, que é Ministro do STJ.

Logicamente, o funcionamento do órgão e as atribuições de seu Corregedor obedecerão aos princípios constantes dos §§ 4º e 5º, respectivamente, do art. 103-B.

Art. 6º. O Conselho Superior da Justiça do Trabalho

será instalado no prazo de cento e oitenta dias, cabendo ao Tribunal Superior do Trabalho regulamentar seu funcionamento por resolução, enquanto não promulgada a lei a que se refere o art. 111-A, § 2º, II.

Comentários – A exemplo do Conselho Superior da Justiça Federal, o TST criou por Resolução Administrativa o Conselho Superior da

154 REFORMA DO PODER JUDICIÁRIO

Justiça do Trabalho. Entretanto não vingou, por falta de amparo constitucional e legal.

A mesma Resolução poderá ser remasterizada, agora com o mais amplo respaldo na norma da Constituição, sem contar que já tramita o Projeto de Lei que o regulamenta.

Art. 7ª. O Congresso Nacional instalará, imediatamente após a promulgação desta Emenda Constitucional, comissão especial mista, destinada a elaborar, em cento e oitenta dias, os projetos de lei necessários à regulamentação da matéria nela tratada, bem como promover alterações na legislação federal objetivando tornar mais amplo o acesso à Justiça e mais célere a prestação jurisdicional.

Comentários – O prazo de 180 dias não é para elaborar as leis que digam respeito à execução da Reforma do Judiciário, mas tão-somente para elaborar os respectivos projetos de lei. Logicamente a comissão especial mista não vai elaborar todos os projetos de lei necessários à regulamentação da Reforma do Judiciário, bem como à efetivação de seus comandos, dado que vários projetos são de iniciativa dos Tribunais e do Ministério Público. Contudo, essa comissão elaborará os de sua competência e catalizará os demais oriundos de outros órgãos.

A alteração da legislação federal diz respeito principalmente ao Estatuto da Magistratura, ao Conselho Superior da Justiça do Trabalho e às leis processuais, no sentido de facilitar o acesso ao Judiciário e acelerar a prestação jurisdicional.

Art. 8ª. As atuais súmulas do Supremo Tribunal Federal somente produzirão efeito vinculante após sua confirmação por dois terços de seus integrantes e publicação na imprensa oficial.

Comentários – O STF poderá atribuir efeito vinculante às atuais súmulas. Entretanto, não de todos os enunciados, posto que alguns óbices se impõem, valendo destacar pelo menos dois: *a)* a grande maioria já está defasada em relação à Constituição de 1988 e à legislação pos-

COMENTÁRIOS AO TEXTO DA EC 45, DE 8.12.2004   155

terior: *b)* há que observar o limite textualizado no § 1º do art. 103-A – a cujos comentários remetemos –, assim pontuados: *a)* que objetive garantir, mediante a interpretação do STF, a eficácia das *normas determinadas*; *b)* acerca das quais haja *fundada controvérsia* entre os órgãos do Judiciário e os da Administração Pública; *c)* que a divergência acarrete *grave insegurança* jurídica; *d)* que a divergência provoque *relevante multiplicação de processos* sobre questão idêntica; *e)* e haja *reiteradas decisões* do STF sobre a matéria.

Não reunindo os pressupostos da vinculação, será inconstitucional a atribuição dessa qualidade.

Remetemos o leitor para os comentários ao § 1º do art. 103-A.

> *Art. 9º. Ficam revogados o inciso IV do art. 36; a alínea "h" do inciso I do art. 102; o § 4º do art. 103 e os §§ 1º a 3º do art. 111.*
>
> *Art. 10 Esta Emenda à Constituição entra em vigor na data de sua publicação. (Publicada no DOU do dia 31.12.2004.)*

A reforma do Poder Judiciário era uma exigência da sociedade. Se não veio como desejada, veio no que foi possível, num Estado Democrático de Direito e pluralista. Esperemos sua efetiva execução e velemos para que a força do conservadorismo arraigado não a desnature.

Com essa análise, primeira e sucinta, espera-se contribuir com a fase posterior da Reforma, que é a de sua regulamentação e a sua consolidação mediante a efetiva execução.

APÊNDICE
NOVAS PROPOSTAS DE EMENDA À CONSTITUIÇÃO

1. PEC n. 29-A, do Senado Federal, resultante do desmembramento da PEC n. 96/1999 da Câmara dos Deputados, que no Senado tomara o n. 29 [1]

EMENDA CONSTITUCIONAL N. ..., DE 2004

Altera dispositivos dos arts. 21, 22, 29, 48, 93, 95, 96, 98, 102, 103-B, 104, 105, 107, 114, 120, 123, 124, 125, 128, 129, 130-A e 134 da Constituição Federal, acrescenta os arts. 97-A, 105-A, 111-B e 116-A, e dá outras providências.

As Mesas da Câmara dos Deputados e do Senado Federal, nos termos do § 3º do art. 60 da Constituição Federal, promulgam a seguinte Emenda ao texto constitucional:

Art. 1º. Os arts. 21, 22, 29, 48, 93, 95, 96, 98, 102, 103-B, 104, 105, 107, 114, 120, 123, 124, 125, 128, 129, 130-A e 134 da Constituição Federal passam a vigorar com a seguinte redação:

Art. 21. Compete privativamente à União: (...)

XIII – organizar e manter o Poder Judiciário e o Ministério Público do Distrito Federal e dos Territórios; (...)

Art. 22. Compete privativamente à União legislar sobre: (...)

XVII – organização judiciária e do Ministério Público do Distrito Federal e dos Territórios, bem como organização administrativa destes; (...)

Art. 29. (...)

X – julgamento do Prefeito, por atos praticados no exercício da função ou a pretexto de exercê-la, perante o Tribunal de Justiça; (...)

---

1. Este texto corresponde às alterações que o Senado introduziu no projeto de EC aprovado pela Câmara dos Deputados e que, por isso, retornou a esta, para ratificação ou arquivamento.

158   REFORMA DO PODER JUDICIÁRIO

Art. 48. (...)

IX – organização administrativa, judiciária, do Ministério Público e da Defensoria Pública da União e dos Territórios e organização judiciária e do Ministério Público do Distrito Federal; (...)

Art. 93. (...)

II – (...)

b) a promoção por merecimento pressupõe dois anos de exercício na respectiva entrância e integrar o juiz a primeira metade da lista de antiguidade, salvo se não houver com tais requisitos quem aceite o lugar vago; (...)

XVI – No âmbito da jurisdição de cada Tribunal ou Juízo, é vedada a nomeação ou designação, para cargos em comissão e para as funções comissionadas, de cônjuge, companheiro ou parente até o segundo grau, inclusive, dos respectivos membros ou juízes vinculados, salvo a de servidor ocupante de cargo de provimento efetivo das carreiras judiciárias, caso em que a vedação é restrita à nomeação ou designação para servir junto ao magistrado determinante da incompatibilidade.

Art. 95. (...)

I – vitaliciedade, que, no primeiro grau, só será adquirida após três anos de exercício, observado o disposto no art. 93, IV, dependendo a perda do cargo, nesse período, de deliberação do tribunal a que o juiz estiver vinculado e, nos demais casos, de sentença judicial transitada em julgado, em processo que poderá ser iniciado por representação ao Ministério Público tomada pelo voto de três quintos do Conselho Nacional de Justiça, inclusive nos casos de:

a) negligência e desídia reiteradas no cumprimento dos deveres do cargo, arbitrariedade ou abuso de poder;

b) procedimento incompatível com o decoro de suas funções;

c) infração do disposto no parágrafo único deste artigo. (...)

Art. 96. Compete privativamente: (...)

I – aos Tribunais:

a) eleger seus órgãos diretivos, por maioria absoluta e voto secreto, para mandato de dois anos, vedada a reeleição para mandato subseqüente, e elaborar seus regimentos internos, com observância das normas de processo e das garantias processuais das partes, dispondo sobre a criação, a competência, a composição e o funcionamento dos respectivos órgãos jurisdicionais e administrativos;

b) organizar suas secretarias, polícia e serviços auxiliares e os dos juízes que lhes forem vinculados, velando pelo exercício da atividade correicional respectiva; (...)

Art. 98. (...)

I – juizados especiais, providos por juízes togados ou togados e leigos, competentes para a conciliação, o julgamento e a execução de causas cíveis de pequeno valor ou menor complexidade e infrações penais de menor potencial ofensivo, mediante os procedimentos oral e sumaríssimo, permitidos, nas hipóteses previs-

APÊNDICE

tas em lei, a transação e o julgamento de recursos por turmas de juízes de primeiro grau, integrantes, sempre que possível, do sistema dos juizados especiais; (...)

§ 3º. Os interessados em resolver seus conflitos de interesse poderão valer-se de juízo arbitral, na forma da lei.

Art. 102. (...)

I – (...)

b) nas infrações penais comuns, o Presidente da República, o Vice-Presidente, os membros do Congresso Nacional, os membros do Conselho Nacional de Justiça e do Conselho Nacional do Ministério Público, seus próprios Ministros e o Procurador-Geral da República; (...)

d) o *habeas corpus*, sendo paciente qualquer das pessoas referidas nas alíneas *a, b* e *c*; o mandado de segurança e o *habeas data* contra atos do Presidente da República, das Mesas da Câmara dos Deputados e do Senado Federal, do Tribunal de Contas da União, do Procurador-Geral da República e do próprio Supremo Tribunal Federal; e a ação popular e a ação civil pública contra atos do Presidente da República, do Congresso Nacional, da Câmara dos Deputados, do Senado Federal e do Supremo Tribunal Federal; (...)

Art. 103-B. (...)

§ 8º. É vedado ao membro do Conselho, referido nos incisos XII e XIII, durante o exercício do mandato:

a) exercer outro cargo ou função, salvo uma de magistério;

b) dedicar-se a atividade político-partidária;

c) exercer, em todo o território nacional, a advocacia.

Art. 104. (...)

Parágrafo único. (...)

I – um terço dentre desembargadores federais dos Tribunais Regionais Federais e um terço dentre desembargadores dos Tribunais de Justiça, oriundos da carreira da magistratura, indicados em lista tríplice elaborada pelo próprio Tribunal; (...)

Art. 105. (...)

I – (...)

b) os mandados de segurança, os *habeas data*, as ações populares e as ações civis públicas contra ato de Ministro de Estado, dos Comandantes da Marinha, do Exército e da Aeronáutica ou do próprio Tribunal; (...)

III – (...)

a) contrariar dispositivo desta Constituição, de tratado ou lei federal, ou negar-lhes vigência;

§ 1º. (parágrafo único) (...)

§ 2º. Nas ações civis públicas e nas propostas por entidades associativas na defesa dos direitos de seus associados, representados ou substituídos, quando a abrangência da lesão ultrapassar a jurisdição de diferentes Tribunais Regionais

160 REFORMA DO PODER JUDICIÁRIO

Federais ou de Tribunais de Justiça dos Estados ou do Distrito Federal e Territórios, cabe ao Superior Tribunal de Justiça, ressalvada a competência da Justiça do Trabalho e da Justiça Eleitoral, definir a competência do foro e a extensão territorial da decisão.

§ 3º. A lei estabelecerá os casos de inadmissibilidade do recurso especial.

Art. 107. (...)

II – os demais, mediante promoção de juízes federais com mais de cinco anos de exercício na respectiva classe, que integrem a primeira metade da lista de antigüidade desta, salvo se não houver com tais requisitos quem aceite o lugar vago. (...)

Art.114. (...)

X – os litígios que tenham origem no cumprimento de seus próprios atos e sentenças, inclusive coletivas;

XI – a execução, de ofício, das multas por infração à legislação trabalhista, reconhecida em sentença que proferir;

XII – a execução, de ofício, dos tributos federais incidentes sobre os créditos decorrentes das sentenças que proferir. (...)

Art. 120. (...)

§1º. (...)

III – por nomeação, pelo Presidente da República, de dois juízes dentre advogados de notável saber jurídico e reputação ilibada, indicados em lista tríplice, para cada vaga, elaboradas pelo Tribunal Superior Eleitoral. (...)

Art. 123. O Superior Tribunal Militar compor-se-á de onze Ministros vitalícios, nomeados pelo Presidente da República, depois de aprovada a indicação pela maioria absoluta do Senado Federal, sendo dois dentre oficiais-generais da Marinha, três dentre oficiais-generais do Exército, dois dentre oficiais-generais da Aeronáutica, todos da ativa e do posto mais elevado da carreira, e quatro dentre civis.

Parágrafo único. Os Ministros civis serão escolhidos pelo Presidente da República dentre brasileiros com mais de trinta e cinco e menos de sessenta e cinco anos, sendo:

I – dois dentre juízes-auditores;

II – um dentre advogados de notório saber jurídico e reputação ilibada, com mais de dez anos de efetiva atividade profissional;

III – um dentre membros do Ministério Público Militar."

Art. 124. À Justiça Militar da União compete processar e julgar os crimes militares definidos em lei, bem como exercer o controle jurisdicional sobre as punições disciplinares aplicadas aos membros das Forças Armadas. (...)

Art. 125. (...)

§ 2º. Cabe aos Estados a instituição de representação de constitucionalidade de lei estadual, e de inconstitucionalidade de lei estadual ou municipal, em face da Constituição Estadual, e de argüição de descumprimento de preceito constitucio-

APÊNDICE 161

nal estadual fundamental, cujas decisões poderão ser dotadas de efeito vinculante, vedada a atribuição da legitimação para agir a um único órgão. (...)

Art. 128. (...)

§ 1º. O Ministério Público da União tem por chefe o Procurador-Geral da República, nomeado pelo Presidente da República dentre integrantes da carreira do Ministério Público Federal, maiores de trinta e cinco anos, após aprovação de seu nome pela maioria absoluta dos membros do Senado Federal, para mandato de dois anos, permitida uma recondução. (...)

§ 5º. (...)

I – (...)

a) vitaliciedade, após três anos de exercício, não podendo perder o cargo senão por sentença judicial transitada em julgado, em processo que poderá ser iniciado por representação ao Ministério Público, tomada pelo voto de três quintos do Conselho Nacional do Ministério Público, inclusive nos casos de:

1) negligência e desídia reiteradas no cumprimento dos deveres do cargo, arbitrariedade ou abuso de poder;

2) procedimento incompatível com o decoro de suas funções;

3) infração do disposto no inciso II do § 5º deste artigo. (...)

Art. 129. (...)

§ 6º. Os membros dos Ministérios Públicos dos Estados e do Distrito Federal são denominados Promotores de Justiça.

Art. 130-A. (...)

§ 6º. É vedado ao membro do Conselho, referido nos incisos V e VI, durante o exercício do mandato:

a) exercer outro cargo ou função, salvo uma de magistério;

b) dedicar-se a atividade político-partidária;

c) exercer, em todo o território nacional, a advocacia.

Art. 134. (...)

§ 1º. Lei complementar organizará a Defensoria Pública da União, e prescreverá normas gerais para sua organização nos Estados e no Distrito Federal, em cargos de carreiras, providos, na classe inicial, mediante concurso público de provas e títulos, assegurada a seus integrantes a garantia da inamovibilidade e vedado o exercício da advocacia fora das atribuições institucionais.

§ 2º. (...)

§ 3º. Aplica-se o disposto no § 2º às Defensorias Públicas da União e do Distrito Federal.

Art. 2º. A Constituição Federal passa a vigorar acrescida dos seguintes arts. 97-A, 105-A, 111-B e 116-A:

Art. 97-A. A competência especial por prerrogativa de função, em relação a atos praticados no exercício da função pública ou a pretexto de exercê-la, subsiste ainda que o inquérito ou a ação judicial venham a ser iniciados após a cessação do exercício da função.

162   REFORMA DO PODER JUDICIÁRIO

Parágrafo único. A ação de improbidade de que trata o art. 37, § 4º, referente a crime de responsabilidade dos agentes políticos, será proposta, se for o caso, perante o tribunal competente para processar e julgar criminalmente o funcionário ou autoridade na hipótese de prerrogativa de função, observado o disposto no *caput* deste artigo.

Art. 105-A. O Superior Tribunal de Justiça poderá, de ofício ou por provocação, mediante decisão de dois terços dos seus membros, após reiteradas decisões sobre a matéria, aprovar súmula que, a partir de sua publicação, constituir-se-á em impedimento à interposição de quaisquer recursos contra a decisão que a houver aplicado, bem como proceder à sua revisão ou cancelamento, na forma estabelecida em lei.

§ 1º. A súmula terá por objetivo a validade, a interpretação e a eficácia de normas determinadas, acerca das quais haja controvérsia atual entre órgãos judiciários ou entre esses e a administração pública que acarrete grave insegurança jurídica e relevante multiplicação de processos sobre questão idêntica.

§ 2º. Sem prejuízo do que vier a ser estabelecido em lei, a aprovação, revisão ou cancelamento de súmula poderá ser provocada originariamente perante o Superior Tribunal de Justiça por aqueles que podem propor a ação direta de inconstitucionalidade.

§ 3º. São insuscetíveis de recurso e de quaisquer meios de impugnação e incidentes as decisões judiciais, em qualquer instância, que dêem a tratado ou lei federal a interpretação determinada pela súmula impeditiva de recurso.

Art. 111-B. O Tribunal Superior do Trabalho poderá, de ofício ou por provocação, mediante decisão de dois terços dos seus membros, após reiteradas decisões sobre a matéria, aprovar súmula que, a partir de sua publicação, constituir-se-á em impedimento à interposição de quaisquer recursos contra decisão que a houver aplicado, bem como proceder à sua revisão ou cancelamento, na forma estabelecida em lei.

§ 1º. A súmula terá por objetivo a validade, a interpretação e a eficácia de normas determinadas, acerca das quais haja controvérsia atual entre órgãos judiciários ou entre esses e a administração pública que acarrete grave insegurança jurídica e relevante multiplicação de processos sobre questão idêntica.

§ 2º. Sem prejuízo do que vier a ser estabelecido em lei, a aprovação, revisão ou cancelamento de súmula poderá ser provocada originariamente perante o Tribunal Superior do Trabalho por aqueles que podem propor a ação direta de inconstitucionalidade.

§ 3º. São insuscetíveis de recurso e de quaisquer meios de impugnação e incidentes as decisões judiciais, em qualquer instância, que dêem à legislação trabalhista a interpretação determinada pela súmula impeditiva de recurso.

Art. 116-A. A lei criará órgãos de conciliação, mediação e arbitragem, sem caráter jurisdicional e sem ônus para os cofres públicos, com representação de trabalhadores e empregadores, que terão competência para conhecer de conflitos individuais de trabalho e tentar conciliá-los, no prazo legal.

APÊNDICE 163

Parágrafo único. A propositura de dissídio perante os órgãos previstos no caput interromperá a contagem do prazo prescricional do art. 7º, XXIX.

Art. 3º. A composição do Superior Tribunal Militar será adaptada à medida que ocorrerem as vagas, sendo extintos os cargos de Ministro até que se chegue ao número estabelecido nesta Emenda.

Art. 4º. Não se aplica aos magistrados oriundos do quinto constitucional da advocacia e do Ministério Público, empossados até a data da promulgação desta Emenda, a restrição estabelecida pelo inciso I do art. 104 da Constituição Federal.

Art. 5º. O membro do Ministério Público admitido antes da promulgação desta Emenda Constitucional poderá exercer atividade político-partidária, na forma da lei.

Art. 6º. Os Procuradores-Gerais de Justiça dos Estados e do Distrito Federal são denominados Promotores-Gerais de Justiça.

Art. 7º. Esta Emenda Constitucional entra em vigor na data de sua publicação.

2. As PECs a seguir são originárias do Senado Federal e, após votadas em dois turnos, encaminhadas para a Câmara dos Deputados

A) PROPOSTA DE EMENDA À CONSTITUIÇÃO N. ..., DE 2004

Dá nova redação ao art. 100 da Constituição Federal, instituindo os títulos sentenciais.

As Mesas da Câmara dos Deputados e do Senado Federal, nos termos do § 3º do art. 60 da Constituição Federal, promulgam a seguinte emenda ao texto constitucional:

Art. 1º. O art. 100 da Constituição Federal passa a vigorar com a seguinte redação:

Art. 100. Os pagamentos devidos pela União, Estados, Distrito Federal, Municípios e suas respectivas autarquias e fundações públicas, em virtude de decisão judicial transitada em julgado, far-se-ão exclusivamente na ordem cronológica de apresentação dos títulos sentenciais líquidos e certos emitidos pelo juízo de execução e à conta dos créditos respectivos, proibida a designação de casos ou de pessoas nas dotações orçamentárias e nos créditos adicionais abertos para esse fim.

§ 1º. Os títulos sentenciais serão emitidos pela autoridade judiciária e terão os vencimentos dos valores apurados divididos em sessenta parcelas, vencíveis no

164   REFORMA DO PODER JUDICIÁRIO

dia 25 ou dia útil seguinte dos meses de fevereiro a novembro do ano seguinte ao da sua emissão.

§ 2º. Os títulos sentenciais serão liquidados com acréscimo de juros legais e atualização monetária, mediante a apresentação pelo credor à rede bancária autorizada a receber depósitos de dotações orçamentárias e a arrecadar tributos, quando se fará a devida compensação à conta do órgão público devedor.

§ 3º. Os títulos de que tratam os parágrafos anteriores terão livre circulação no mercado e poderão ser cedidos a terceiros, independentemente da concordância do devedor.

§ 4º. É obrigatória, sob pena de crime de responsabilidade, a inclusão, no orçamento das entidades referidas no caput deste artigo, de verba necessária ao pagamento de seus débitos oriundos de sentenças judiciais transitadas em julgado, cujo valor estimado será fixado pelo Poder Judiciário quando da apresentação da sua proposta orçamentária;

§ 5º. Os títulos sentenciais líquidos e certos emitidos pelo juízo da execução correspondentes a débitos de natureza alimentícia serão pagos em moeda corrente, no prazo de cento e vinte dias após a data de sua emissão, acrescidos de juros legais, na forma prevista n os §§ 1º e 3º deste artigo, respeitada a estrita ordem cronológica de apresentação.

§ 6º. Os débitos de natureza alimentícia compreendem aqueles decorrentes de salários, vencimentos, proventos, pensões e suas complementações, benefícios previdenciários e indenizações por morte ou invalidez, fundadas em responsabilidade civil, em virtude de sentença judicial transitada em julgado.

§ 7º. As dotações orçamentárias e os créditos abertos serão consignados ao Poder Judiciário, cabendo ao Presidente de cada Tribunal determinar a preparação de empenho para a liquidação dos títulos sentenciais apresentados até 1º de julho de cada ano pelo juízo da execução, segundo as possibilidades do depósito.

§ 8º. Os pagamentos de que trata o parágrafo anterior deverão ser liberados até o diz dez de cada mês, sob pena de cometimento de crime de responsabilidade.

§ 9º. As obrigações definidas em lei como de pequeno valor serão liquidadas em moeda corrente e na apresentação dos títulos sentenciais à rede bancária, respeitado, quanto ao mais, o dispostos nos §§ 1º e 3º deste artigo.

§ 10. A lei poderá fixar valores distintos para o fim previsto no § 9º deste artigo, segundo as diferentes capacidades financeiras das entidades de direito público.

§ 11. São vedados a expedição de título sentencial complementar ou suplementar do valor pago, como o fracionamento, repartição ou quebra do valor de execução, a fim de que seu pagamento não se faça, em parte, na forma estabelecida no § 9º e, em parte, mediante a expedição de título sentencial, pelo sistema previsto nos §§ 1º e 2º deste artigo.

§ 12. A autoridade judiciária ou administrativa que, por ato comissivo ou omissivo, retardar, frustrar ou tentar frustrar a liquidação regular de título sentencial incorrerá em crime de responsabilidade.

APÊNDICE   165

§ 13. Os títulos sentenciais emitidos por autoridades judiciárias contra as entidades referidas no caput deste artigo terão, em seus vencimentos, poder liberatório do pagamento de tributos da entidade devedora e de quaisquer encargos de responsabilidade do credor e de seus sucessores.

Art. 2º. O art. 78 do Ato das Disposições Constitucionais Transitórias passa a vigorar com a seguinte redação:

Art. 78. Ressalvados os créditos definidos em lei como de pequeno valor, os de natureza alimentícia, os de que trata o art. 33 desta ADCT e suas complementações e os que já tiverem os seus respectivos recursos liberados ou depositados em juízo, os precatórios pendentes na data de promulgação desta Emenda serão transformados em títulos sentenciais e liquidados na forma do disposto no § 2º do art. 100, no prazo máximo de quatro anos, com vencimentos marcados para o dia 25 ou dia útil subseqüente dos meses de fevereiro a novembro, permitida a cessão dos créditos.

§ 1º. É permitida a decomposição de parcelas, a critério do credor.

§ 2º. As prestações anuais a que se refere o caput deste artigo terão, se não liquidadas até o final do exercício a que se referem, poder liberatório do pagamento de tributos da entidade devedora, até o valor em que se compensarem, sem prejuízo do disposto no § 4º.

§ 3º. O prazo referido no caput deste artigo fica reduzido para dois anos, nos casos de transformação de precatórios judiciais originários de desapropriação de imóvel residencial do credor, desde que comprovadamente único à época da imissão na posse.

§ 4º. O Presidente do Tribunal competente deverá, vencido o prazo ou em caso de omissão no orçamento, ou preterição do direito de precedência, a requerimento do credor, requisitar ou determinar o seqüestro de recursos financeiros da entidade executada, suficientes à satisfação da prestação.

Art. 3º. Esta Emenda à Constituição entra em vigor na data de sua publicação.

B) PROPOSTA DE EMENDA À CONSTITUIÇÃO N. ..., DE 2004

Acrescenta parágrafo ao art. 98 da Constituição, prevendo os juizados de instrução criminal.

As Mesas da Câmara dos Deputados e do Senado Federal, nos termos do § 3º do art. 60 da Constituição Federal, promulgam a seguinte emenda ao texto constitucional:

Art. 1º. O art. 98 da Constituição Federal passa a vigorar acrescido do seguinte § 2º:

Art. 98. (...)

166 REFORMA DO PODER JUDICIÁRIO

§ 2º. A lei instituirá juizados de instrução criminal para as infrações penais nela definidas.

Art. 2º. Esta Emenda à Constituição entra em vigor na data de sua publicação.

C) PROPOSTA DE EMENDA À CONSTITUIÇÃO N. ..., DE 2004

Altera a alínea "a" do inciso III do art. 105 da Constituição, incluindo a inconstitucionalidade entre as hipóteses de recurso especial.

As Mesas da Câmara dos Deputados e do Senado Federal, nos termos do § 3º do art. 60 da Constituição Federal, promulgam a seguinte emenda ao texto constitucional:

Art. 1º. A alínea "a" do inciso III do art. 105 da Constituição Federal passa a vigorar com a seguinte redação:

Art. 105. (...)

III – (...)

a) contrariar dispositivo desta Constituição, de tratado ou lei federal, ou negar-lhes vigência; (...)

Art. 2º. Esta Emenda à Constituição entra em vigor na data de sua publicação.

GRÁFICA PAYM
Tel. (011) 4392-3344
paym@terra.com.br

1349